思想政治教育实践研究
—— 新探索丛书 ——

主编◎杨晓慧　刘志

新形势下共产党人
坚定理想信念规律研究

韩丽颖◎著

中国人民大学出版社
·北京·

|思想政治教育实践研究新探索丛书|

编委会

总 序

问题是时代的呼声与口号，理论是在思想中把握到的时代，真见以问题为基础和前提。马克思说："问题是时代的格言，是表现时代自己内心状态的最实际的呼声。"① 中国特色社会主义进入新时代，这是我们当前所处的历史方位，也是思想政治教育学科发展的基本场域。新时代提出新课题，新课题引发新思考，新思考呼唤新作为。思想政治教育学科的建设与发展，只有科学把握时代问题，关注时代变化，才能在培养中国特色社会主义事业建设者和接班人的过程中彰显其独特价值。

人类究竟应当确立什么样的生存方式，从而正确地面对自然、社会和人类自身？这不仅仅是思想政治教育学科发展面临和回答的基本问题，也是整个人文社会科学应当优先解释和科学解决的重要课题之一。思想政治教育是对人进行思想理论教育和价值引领的重要学科，如何引领人们正确看待人类社会发展中面临的各种问题与挑战，在一定意义上构成了思想政治教育学科发展的时代之问。思想政治教育不只是一门理论学科，更是一门实践学科，具有明确的应用指向。思想政治教育不是"书斋里的学问"，而是面向生活、面向实践的，其学科发展必然依时代发展与实践推进而变化。离开了现实生活与社会实践，思想政治教育学科就是无源之水、无本之木。

回顾历史，从思想政治教育发展历史来看，高度重视思想政治教育的实

① 马克思，恩格斯．马克思恩格斯全集：第1卷．2版．北京：人民出版社，1995：203．

践创新，推进思想政治教育规律的探索与应用，全面提高思想政治教育的针对性和实效性，是思想政治教育改革发展的思想主题和历史主线。思想政治教育学科自诞生以来，一直发挥着“解释世界”与“改变世界”的基本功能。如果说“解释世界”主要在学科体系的构建中阐释其学科功能的话，那么，人才培养则是其发挥“改变世界”功能的主体依托。在学科发展过程中，其生成逻辑逐渐由思想政治教育“是什么”“为什么”“怎么办”的传统学术解释逻辑向“时代需要什么样的思想政治教育”“思想政治教育如何回应时代需要”“思想政治教育能为培养人做什么”的生活实践逻辑转化。思想政治教育需要在“解释世界”与“改变世界”的过程中，不断更好地服务于培养德智体美劳全面发展的社会主义建设者和接班人这一学科建设与发展的目的。

立足当下，新时代思想政治教育的创新发展理应放在当今世界百年未有之大变局、党和国家事业发展全局中来看待，从坚持和发展中国特色社会主义、建设社会主义现代化强国、实现中华民族伟大复兴的高度来对待。“四个正确认识”的新方向，“遵循思政工作规律、教书育人规律、学生成长规律”的新指向，“因事而化、因时而进、因势而新”的新取向，“围绕学生、关照学生、服务学生”的新导向，为我们划定了新时代思想政治教育的主攻方向和实践方略。在此基础上，思想政治教育应在深化理解思想政治教育学科本质的同时，直面时代问题，明确应用导向，充分发挥思想政治教育的价值和功能，夯实思想政治教育实践研究的现实根基，在顺应新形势、解决新问题中不断焕发新的生命力。

思想政治教育实践研究一直是东北师范大学思想政治教育研究中心的重点研究方向与优势领域。多年来，我们始终聚焦思想政治教育应用研究和比较研究，积极进行学术探索。应用研究旨在破解高校思想政治工作和学生成长中面临的实践难题，把问题变成课题，把经验上升为理论，把成果转化为成效；比较研究旨在通过跨文化德育比较，探索构建比较思想政治教育的理论体系与研究范式，推动思想政治教育由本土走向世界。应用研究与比较研究相互支撑、相辅相成，通过揭示不同国家思想政治教育差异性特质与普遍性规律，创建兼具中国风格与世界视野的思想政治教育实践理论，服务于当代思想政治教育的创新发展。

在已有的系列成果基础上，聚焦思想政治教育应用研究和比较研究两大领域，东北师范大学思想政治教育研究中心与中国人民大学出版社签订系列出版协议，全面启动“思想政治教育实践研究新探索丛书”的系统创作。丛书瞄准新时代思想政治教育研究的当代转向，聚焦前沿论域，关注重大现实，打通关键环节，紧紧围绕思想政治教育工作中的实际问题、重点任务、瓶颈难题等开展论述，对当前思想政治教育存在的一些前瞻性、根本性问题做出积极探索，有助于新时代思想政治教育理论研究的新突破和实践创新的新发展。

“思想政治教育实践研究新探索丛书”抛砖引玉，希望可以引起读者对思想政治教育学科理论与实践更多的关注与思考。恳请各位同人与读者批评指正。

杨晓慧

2020 年 6 月 1 日

序　言

规律是事物及其发展过程中固有的本质的、必然的联系。科学认识和把握规律是人类认识和改造主客观世界、推动和实现事物及自身发展的永恒命题。在当代中国，党员领导干部的信仰缺失已成为对党的事业、民族复兴、国家长治久安危害最大的问题，必须引起高度重视，必须以更大力度、更科学的方法切实抓好共产党人理想信念建设。为此就需要立足新的时代变化，深刻认识和把握共产党人坚定理想信念的客观规律，不断提升理想信念建设的科学性和有效性。而怎样认识和把握共产党人坚定理想信念的客观规律，构成了新时代加强和改进中国共产党理想信念建设的前提性、基础性问题。对此，基于辩证唯物主义和历史唯物主义的认识论原理或许最具指导意义和启示价值。

马克思在《资本论》第一卷第一版序言中谈及认识和揭示资本运行规律的方法论原则，指出“分析经济形式，既不能用显微镜，也不能用化学试剂。二者都必须用抽象力来代替”①。这里的“抽象力”实质上就是指运用理论思维认识和把握规律的方式和能力。换言之，就是要运用科学的理论思维穿透纷繁复杂的事物表象，从而尽可能抵达事物最为内在而本质的真实，揭露事物最为深层而必然的规律。具体到共产党人坚定理想信念的规律，这种“抵达”和“揭露”的方式大体有两个相互衔接的环节：一是“完整的表象蒸发

① 马克思，恩格斯．马克思恩格斯选集：第2卷．3版．北京：人民出版社，2012：82.

为抽象的规定”[①]，亦即遵循科学的归纳逻辑，透过共产党人坚定理想信念的个体化经验归纳提升出具有普遍性的规律性认识；二是“抽象的规定在思维行程中导致具体的再现”[②]，亦即遵循科学的演绎逻辑，围绕基于个体经验归纳凝练而成的规律性判断，合乎逻辑地推导出共产党人坚定理想信念的本质意涵、深层矛盾、影响因素、发展过程及实践策略。

展开来说，本书在“完整的表象蒸发为抽象的规定”环节，运用个人生活史、扎根理论等质化研究方法，选取共产党员先进典型，挖掘典型个案在理想信念形成过程中的共性规律。在“抽象的规定在思维行程中导致具体的再现”环节，综合运用马克思主义理论、哲学、政治学、教育学、心理学等多学科理论方法，分析共产党人坚定理想信念的本质意涵，紧紧抓住品质构成、生成发展、教育引导三个关键因素，深入系统地探寻共产党人坚定理想信念的内在逻辑，并从理想信念教育的角度提出相应的实践策略。各环节相互联系、相互支撑，共同指向对共产党人坚定理想信念规律的研究与把握。

整体而言，共产党人坚定理想信念既是一个将理想信念不断内化转化成坚定信仰的价值生成过程，也是一种将内化而成的价值体系不断外化的实践过程。把握价值生成过程的关键就在于把握这种精神家园建设、心理品质生成的过程；把握外化实践过程的关键则在于使共产党人能够在具体的践行中抵御风险。在这两个过程中，前者是基础，更是保证。理想信念能否外化实践的前提性命题是其是否能够达成理想信念的价值生成。因此，本书将研究重点放在“如何推动共产党人理想信念的价值生成”和“如何深入挖掘共产党人理想信念生成的内在规律”两个核心问题上。围绕这两个问题，本书从理想信念的本质意涵与一般规律出发，分析理想信念的概念由来、核心要义，并探讨理想信念生成的基本过程及其协调方式。聚焦共产党人坚定理想信念的问题，在理论研究上，分析新形势下共产党人坚定理想信念的本质意涵及面临的时代课题；在实践分析上，通过选取典型个案并开展访谈调查，挖掘现实生活中共产党人坚定理想信念的共性规律。基于理论研究与实践分析，

①② 马克思，恩格斯．马克思恩格斯选集：第2卷．3版．北京：人民出版社，2012：701．

总结形成新形势下共产党人坚定理想信念的内在逻辑，即品质构成逻辑、生成发展逻辑与教育引导逻辑。最后，依托共产党人坚定理想信念的内在逻辑，提出具体的践行理路。

在理论研究和访谈调查的基础上，本书形成了以下几个核心观点：第一，共产党人坚定理想信念是补足精神之“钙”的内在要求，是筑牢政治灵魂的思想根基以及建构精神家园的坚实基础，其核心就在于坚定对马克思主义的信仰、对共产主义远大理想和中国特色社会主义共同理想的信念。第二，新形势下共产党人坚定理想信念规律包括品质构成规律、生成发展规律与教育引导规律三大基本规律。第三，理想信念的形成深刻根植于个体生存发展的具体实践之中，表征为个体日趋完善的精神世界，具有特定的心理品质支撑，包括政治品质、道德品质与个性心理品质。第四，共产党人形成与坚定理想信念是一个漫长的实践过程，教育在这一过程中发挥着至关重要的作用。其中，理论教育发挥着规范支撑作用，情感教育发挥着激发调节作用，价值观培育发挥着引领升华作用，实践养成发挥着深化巩固作用。第五，在精神品质生成意义上，共产党人坚定理想信念的过程体现着从小我、大我到无我的价值追求，从渐悟、顿悟到觉悟的认识发展以及从规训、恪守到自由的实践选择。

本书力图在对理想信念本质意涵进行准确厘定的基础上，通过学理分析与个案访谈，科学把握新形势下共产党人坚定理想信念的内在规律，在撰写过程中突出实践性、前沿性、科学性的特点，对从事理想信念研究的党员领导干部与高校师生具有一定的适用性。

目　录

第一章　理想信念的内涵阐释及发生机理 …………………………………… 1

第一节　理想信念的概念及要义 ………………………………………… 3
第二节　理想信念形成的要素结构 ……………………………………… 9
第三节　理想信念形成的基本过程 ……………………………………… 17
第四节　理想信念形成的“个体—社会”协调方式 ………………………… 24

第二章　新形势下共产党人坚定理想信念的本质意涵 …………………… 29

第一节　共产党人坚定理想信念的本质规定 …………………………… 31
第二节　共产党人坚定理想信念的基本要求 …………………………… 41
第三节　共产党人坚定理想信念的时代课题 …………………………… 48

第三章　新形势下共产党人坚定理想信念的典型个案分析 ……… 61

第一节　共产党人坚定理想信念典型个案的选取分析 ………………… 63
第二节　共产党人坚定理想信念典型个案的访谈调查 ………………… 73
第三节　共产党人坚定理想信念典型个案研究的基本结论 …………… 87

第四章　新形势下共产党人坚定理想信念的内在逻辑 …………………… 91

第一节　品质构成逻辑 …………………………………………………………… 93

第二节　生成发展逻辑 …………………………………………………………… 110

第三节　教育引导逻辑 …………………………………………………………… 123

第五章　新形势下共产党人坚定理想信念的实践进路 …………………… 137

第一节　抓好精神品质培育的关键环节 ………………………………………… 139

第二节　化解精神历程中的主要矛盾冲突 ……………………………………… 146

第三节　增强教育引导的亲和力和针对性 ……………………………………… 154

第四节　推动共产党人理想信念教育常态化、制度化 ………………………… 164

参考文献 ………………………………………………………………………… 173

第一章

理想信念的内涵阐释及发生机理

理想信念是人们超越现实生活、追求理想生活的深层需要的理性表达，是人们对某种生活理想及观念的高度确信和自觉认同，是世界观、人生观、价值观在人生奋斗目标与社会发展愿景上的集中体现。作为一种具有实践意义的思想意识，理想信念是人们精神世界的核心支柱。在当代中国，党员领导干部的信仰缺失已成为对党的事业、民族复兴、国家长治久安危害最大的问题，这就要求我们必须以更大力度、更科学的方法切实抓好共产党人理想信念建设。为此就需要立足新的时代变化，深刻认识和把握共产党人坚定理想信念的客观规律，不断提升理想信念建设的科学性和有效性。在这一意义上，厘清理想信念生成与发展的一般规律是把握共产党人坚定理想信念规律的基本前提。基于此，本章着重挖掘理想信念生成与发展的一般规律，为准确理解共产党人坚定理想信念的本质规律奠定基础①。

第一节　理想信念的概念及要义

“理想信念”是我国在改革开放新时期进行理想信念教育过程中适应现实需要而逐步形成的“中国话语”。改革开放之前，“理想”“信念”是作为两个单独概念被使用的，而且拥有各自独立的含义。改革开放之后，为应对理想信念教育面临的新形势、新挑战，纠正和避免“片面强调对未来的理想追求和理想实现，而某种程度上忽视了在当下生活中人所应秉持的信念支撑和信念引导”② 的偏差，我们逐步探索形成了“理想信念”这一复合型概念。1985 年 8 月，邓小平在会见津巴布韦非洲民族联盟（爱国阵线）主席、政府总理穆加贝时首次将“理想”与“信念”合并使用，称为“信念理想”。1996 年江泽民强调党员领导干部要具备“共产主义和社会主义的理想信念”。同年 10

① 本章部分内容和观点来自笔者发表的《论理想信念形成研究的心理学视角》（《思想政治教育研究》2018 年第 6 期）与《论理想信念形成的三种形态》（《社会科学战线》2019 年第 12 期），收录本书时进行了修改与调整。

② 刘建军. 关于理想信念教育的几点理论思考. 教学与研究，2004（11）：14-15.

月颁布的《中共中央关于加强社会主义精神文明建设若干重要问题的决议》，沿用了“理想信念”的提法。2000 年 6 月，江泽民在中央思想政治工作会议上进一步指出：“我们的改革开放和现代化建设，是亿万人民群众自己的事业。人民群众的理想信念、精神状态和人心所向，最终决定建设有中国特色社会主义事业的成败。”[①] 党的十六大之后，中央进一步重视和加强各层次思想政治教育工作。2004 年，中共中央颁发的 16 号文件《中共中央、国务院关于进一步加强和改进大学生思想政治教育的意见》明确指出：“以理想信念教育为核心，深入进行树立正确的世界观、人生观和价值观教育。”[②] 自此，“理想信念”成为马克思主义理论与思想政治教育领域广泛使用的重要概念。实践证明，用“理想信念”把“理想”“信念”两个概念各自侧重的方面辩证地统一为一体，使其各自的含义确切明晰，既有效地避免了概念使用上的混乱，同时又在理论上防止了理想信念教育顾此失彼、流于偏颇的错误[③]。

理想信念在内涵上有广义和狭义之分。从广义上说，理想信念作为一种人类特有的精神现象，表达个体超越现实生活、追求理想生活的深层需要，彰显个体对特定生活理想的状态及观念的高度确信和自觉认同，是世界观、人生观、价值观在人生奋斗目标与社会发展愿景上的集中体现，对维护国家政权、建设良性社会关系、构筑人们精神世界具有重大的引领导向作用，并由此成为政权巩固、社会治理和人类精神发展的优先选择。从狭义上说，理想信念在当代中国指的是对马克思主义的信仰，对中国特色社会主义共同理想与共产主义远大理想的信念，对中国共产党领导的信任，对实现中华民族伟大复兴中国梦的信心。狭义上这种科学崇高的理想信念历经近代中国 100 多年的历史考验和文化沉淀，已经成为实现国家富强、民族振兴、人民幸福的精神旗帜和力量源泉。

正如刘建军教授所言，概念的“广义与狭义是范围上的区别，是量上的区别，而从性质上讲它们具有相同或相近的性质”，“在同一个人那里，概念

① 江泽民．江泽民文选：第 3 卷．北京：人民出版社，2006：74.

② 中共中央文献研究室．十六大以来重要文献选编：中．北京：中央文献出版社，2006：180.

③ 吴潜涛．正确理解理想信念的科学含义．教学与研究，2011（4）：5-9.

的广义与狭义可以同时并存。只是它须分别在不同的语境中存在和使用。要追踪这一概念的发展过程，看它是先有狭义后有广义，还是先有广义后有狭义”[①]。显然，理想信念是一个先有狭义后有广义的概念。所以对理想信念概念的使用，不能一概采取其广义和狭义非此即彼、二者择一的办法，而应根据问题研究的需要，注重在不同语境的转换中有针对性地对其概念进行使用，既可以在广义上使用，也可以在狭义上使用，还可以广义和狭义并用。无论是广义还是狭义，理想信念实质上都是一种思想意识，但它又区别于一般意义上的思想意识，它是个体与社会交往互动中逐渐形成的社会化精神成果，是人们情感、观念、意志等各种心理要素的高度凝练，是个体精神世界的核心支柱。作为一种特殊的思想意识，理想信念首先是主体精神世界的产物，对其开展的研究必须首先“从现实的、有生命的个人本身出发，把意识仅仅看做是**他们的**意识”[②]。可以说，理想信念的形成是一种理想信念现实地发生于人类精神世界之中，成为人们思想行为的最高统摄、价值支撑和精神动力的过程。主要有两层含义：一是理想和现实的联结，即指向未来的生活蓝图如何影响和规制现实的思想行为选择，现实的条件因素如何影响和制约理想的形成；二是个人与社会的转化，即代表社会发展整体利益的价值追求如何影响和规制个人，社会性的理想追求如何转化为个体性的思想归宿和行为依据。二者共同构成理想信念形成的两个相互连接的重要维度。

目前学界对理想信念形成的研究主要关注和探讨了五方面问题：一是从哲学视角出发，运用马克思主义人学理论探讨理想信念形成的根基或依据问题；二是从历史发展的宏观视角出发，运用马克思主义社会有机体理论探讨理想信念形成的社会历史因素；三是从个体精神心理发展的微观视角出发，借鉴心理学理论探讨理想信念形成的主体因素条件；四是针对特定群体特别是大学生群体的特性，探讨理想信念形成的当代特点和矛盾；五是围绕理想信念教育活动的要素、结构和机理，探讨理想信念形成的教育机理和主体形成机理。概括来说，上述五个方面的研究又大体遵循了如下四种研究进路：

---

① 刘建军．试论理论研究中的“广义-狭义”分析法．中共杭州市委党校学报，2014（5）：4-7.

② 马克思，恩格斯．马克思恩格斯文集：第1卷．北京：人民出版社，2009：525.

一是宏观进路，重在将理想信念的形成放置在人的本质属性、历史发展和社会变革之中，整体把握理想信念的形成问题；二是微观进路，重在深入理想信念的内容构成、主体条件，具体分析理想信念的形成问题；三是外塑进路，重在考察社会环境、教育方式对理想信念形成的影响和作用；四是内生维度，重在考察人的心理结构、认识过程对理想信念形成的影响和作用。鉴于理想信念形成所蕴含的“理想和现实的联结”“个人与社会的转化”的两层含义，应该说现有研究的五大问题和四种进路，从不同侧面切近了理想信念形成的实质，都在不同程度上深化了人们对理想信念形成规律的认识和理解。然而从理想信念形成的本质及我国理想信念教育实践出发，更需要拓宽认识视角，从人的内生维度出发，把握理想信念教育的核心要义。从理想信念的本质来看，理想信念是对个体与社会现实生活的否定超越和执着追求。其赖以发生的前提是人的需要。马克思说：“任何人如果不同时为了自己的某种需要和为了这种需要的器官而做事，他就什么也不能做”①。离开了人的需要，理想信念的确立就是虚无缥缈的。也就是说，理想信念产生的原初动力和内在依据是不断发展和丰富的人的需要。而人的需要能否满足以及满足的程度，将最为直接地反映在他的内心世界，并具体表现为人的心理活动和心理状态。可见，理想信念形成与人的心理在本质上紧密相关。这就要求我们必须深入研究心理因素（包括个体心理因素、社会心理因素、民族文化心理因素）对理想信念形成的深层影响，关注人们的感性心理条件的参与及影响机理，注重从人们日用而不觉的文化心理出发，激活潜藏于人们内心深处的文明基因，实现理想信念与人们文化心理的深层共鸣、协调共振，把握理想信念形成的心理规律。从我国的理想信念教育实践来看，长期以来我们多集中于“施教向度”，重点在教育者、教育内容、教育方法上下功夫，而忽视从“受教向度”研究把握受教育者接受的心理规律。这实质上就等于割裂了施教与受教的有机联系，把理想信念形成看作由教育活动单方面完成的任务，从而使理想信念教育成为只有“教”没有“学”、只有传输没有接受的单向性活动。破

① 马克思，恩格斯. 马克思恩格斯全集：第3卷. 北京：人民出版社，1960：286.

解这一问题，需要在深化对教育规律研究的基础上，更加注重对理想信念形成的心理规律的把握。恩格斯早就说过："我们不知道有任何一种力量能够强制处在健康清醒状态的每一个人接受某种思想。"[①]"任何人"对理想信念教育而言，如果不能准确把握理想信念形成的心理过程和规律，不能有效破除理想信念形成过程中的诸多心理障碍，再完美的教育设计也无法使心理上处在"健康清醒状态"的个人树立和坚定相应的理想信念。这就要求我们必须探究个体理想信念形成过程中的心理规律，如教育对象的主体心理与从属心理相统一的规律、心理过程渐进性与反复性相统一的规律、感性认知与理性认知协同参与的规律等，从而科学把握理想信念教育过程中教育对象的接受规律，不断增强教育针对性与有效性。有鉴于此，本书所理解的理想信念的本质意涵包括以下三个维度：

（1）理想信念的形成深刻根植于个体生存发展的实践之中。理想信念说到底是人的理想信念，经由人的实践活动实现而又最终指向人，是主体对客观世界和人的本质的领会与建构。理想信念是个体自我觉醒和理性认识的产物，共产党人的思维方式和行为模式受理想信念的指导与引领，在无产阶级的利益需要和自我意识的推动下形成发展。这些情感和需要是主体在社会生活实践中掌握形成的，进而在社会生活中实现，经过理性的认知和体悟，进而逐渐成为一种价值标准和精神追求，在知、情、意、信、行的不断推进下，最终形成稳定的心理结构。在本质上，理想信念作为人的一种实践活动，是主体对客观世界有意识、有目的的改造，是主体性、能动性的体现。正如马克思所指出的："它的前提是人，但不是处在某种虚幻的离群索居和固定不变状态中的人，而是处在现实的、可以通过经验观察到的、在一定条件下进行的发展过程中的人。"[②] 理想信念就是个体对社会现实生活的否定超越和执着追求，而其存在前提就是人的需要。人之为人的特殊性，就在于其具有一种精神性的存在，能够实现对自身客观存在的超越，进而形成一种更高级的精神境界。在发展的意义上，"人的生命活动不是纯粹的自然而然的过程，而是

① 马克思，恩格斯．马克思恩格斯选集：第3卷．3版．北京：人民出版社，2012：463.
② 马克思，恩格斯．马克思恩格斯选集：第1卷．3版．北京：人民出版社，2012：153.

‘超越自然’的‘有意识’的创造性活动”[①]。人的创造性活动、人的超越性是人所独有的活动，也是个体生存发展、人类社会发展的重要途径，理想信念作为主体的价值标准，则在根本上体现了主体的最高价值。

（2）理想信念的形成集中表征为个体日趋完善的精神世界。理想信念作为一种特殊精神现象，同人的生命活动和生活实践紧密相关，体现在个体的主体性认知、创造与践行之中。个人的精神品质体现出其理想信念的境界水平，个人的理想信念反映着其精神家园的发展程度。理想信念的形成作为一种从自发到自为的实践活动，充分体现着主体性超越与主体性创造两个方面的精神发展。一方面，理想信念的形成是个体从自发到自为的主体性超越。作为一种特殊的精神现象，理想信念的形成在于超越“感觉”“直观”“想象”“意志”的“思想”，使人类的意识在“感性”与“理性”的矛盾之中获得了现实的超越性[②]。理想信念作为一种价值体系，其形成发展的关键是科学合理的价值标准的内化。主体自身价值观念的完整程度既是自身自觉程度和理性程度的体现，也是理想信念发展水平与稳定程度的衡量指标。这种精神世界从自发向自为的超越，是主体自觉的选择、接受和创造，进而形成自我认识和自觉的精神品质。在这种状态和品质中，主体能够正确审视自身和外界的各种基本情况和实时变化，正确理解不同现象间的相同点和差异，有效地吸收科学的观念并自觉地抵御错误现象的消极影响，进而对自身和现实进行突破超越，坚定个体的理想信念，实现自由自觉的精神境界。另一方面，理想信念的形成是个体从自发到自为的主体性创造。正如雅斯贝斯（Karl Jaspers，1883—1969）所说：“我们的实际存在本身并不能使我们满足。他是永不停息永无止境向前追求的冲动，它没有终极目的。”[③] 个体在生存活动中不断通过创造性的实践，以满足自身需求。在这一意义上，形成与坚定理想信念，就要不断汲取精神力量，筑牢个体与集体的精神家园，为自身的精神文化世界建设提供根本支撑。

---

① 孙正聿. 属人的世界. 长春：吉林人民出版社，2007：6-7.

② 孙正聿. 理想信念的理论支撑. 长春：吉林人民出版社，2014：34-35.

③ 雅斯贝斯. 生存哲学. 王玖兴，译. 上海：上海译文出版社，2005：58.

（3）理想信念也有特定的心理品质支撑。“共产主义意识不会自发产生，正确的理想信念需要历经知、情、意、信、行的理性转换才能养成和确立。”[①]作为一种特殊的心理现象，理想信念的形成有赖于精神品质的形成，精神品质为理想信念奠定了坚实的心理基础。这种心理基础主要涵盖了能力、气质和性格等个性心理特征以及兴趣、动机、目的、理想、信念、自我意识、人生观、世界观等个性心理倾向。理想信念的发生以个体朴素的情感和需要为前提，也就是说，其能否形成对马克思主义的坚定信仰、对社会主义与共产主义的坚定信念，首要前提在于其能否在情感上对其产生“共情”与“共鸣”，以及这些价值理念是否能够满足共产党人成长与发展的现实需要。在这种价值理念的情感基础上，形成之于其中价值本身的深切认同，并经由实践不断检验、调整、适应、发展，形成相对稳定的结构模式。理想信念一旦形成也将构成人们衡量事物的价值标准，在个体的生活实践中不断检验、丰富。在此基础上，理想信念才得以实现升华。因此，可以说，理想信念并不是主体凭空生成的，也不是仅仅依靠教化就可以实现的，其对主体有着基本的要求，即要求主体形成与理想信念相匹配的心理品质，为共产党人在新形势下坚定理想信念提供坚实基础。

第二节　理想信念形成的要素结构

理想信念的形成与发展在一般性意义上是有一定规律可循的。这种规律既包括外在的教育影响环节，更包括主体由内向外生成并推演的发生机理。理想信念不是与生俱来的既定性存在，而是人们在生活实践和生命历程中逐渐显现的获得性存在。理想信念的显现与获得，不是单纯的观念塑造和知识传输，而是裹挟着人们生活实践和生命活动的主体性创造、体认和践履。理想信念本身的特殊性使得其具有一定的特殊构成要素，理想信念在循序渐进

① 石亚玲．论习近平的青年理想信念观．思想政治教育研究，2016（5）：84-88.

的形成过程中经历了从“经验—情感”到“理性—认知”，再到“价值—信仰”的不断转化和跃升，情感要素、知识要素、价值要素三种既相互关联又各有侧重的组成要素和实践形态是推动理想信念不断形成发展的重要构成。

一、理想信念形成的情感基础

情感是人类精神生活中的一种特殊体验和重要力量，对人的社会生活和行为选择具有动力支撑和精神激励等作用。长期以来，有关情感之于道德问题的影响和作用，一直存在两种截然不同的声音。一种声音被称为“情感主义”，认为情感是人们进行道德判断和行为选择的基础，“理性是并且也应该是情感的奴隶。除了服务和服从情感之外再不能有任何其他的职务”①。另一种声音则是“理性主义”，认为情感是理性的附属品，人应该按照理性的原则行事，“把人在控制情感上的软弱无力看成被奴役，因为一个人为情感所支配，行为便没有自主权，而受命运的宰割”②。与上述两种声音不同，马克思主义向来没有孤立抽象地探讨情感与理性的相互关系及其在道德实践中的作用，而是将之放置在个人与社会的关系角度来审视，同时高度重视情感因素对真理追求、信仰坚守、革命实践的重要作用。马克思指出：“人作为对象性的、感性的存在物，是一个**受动的**存在物；因为它感到自己是受动的，所以是一个**有激情的**存在物。激情、热情是人强烈追求自己的对象的本质力量。”③这就是说，情感不仅是人类最基本的精神体验方式，更是作为一种特殊的道德力量而广泛存在于人的道德实践和伦理生活之中。

理想信念的情感要素是人们基于现实生活实践而产生的或强烈或深沉的喜欢或依赖的心理反应，来源于人们对现实生活世界的热忱和激情，对未来美好事物的追求和向往。相比一般的观念体系，理想信念具有更多的情感色彩，它饱含着对国家和民族的深厚情怀，饱含着对社会主义道路、理论和制度的坚定信心，饱含着对未来社会发展的热切憧憬，没有这些丰富的情感作

---

① 休谟. 人性论. 关文运，译. 北京：商务印书馆，1996：453.

② 斯宾诺莎. 伦理学. 贺麟，译，北京：商务印书馆，1958：166.

③ 马克思，恩格斯. 马克思恩格斯文集：第1卷. 北京：人民出版社，2009：211.

为支撑，理想信念就没有发生和形成的心理基础。情感在人们的理想信念的形成和坚定过程中，主要发挥两方面的作用。第一，情感会影响到人们对理论知识的选择和运用。特定的情感会带着认知主体去找寻那些支持情感需要的信息和证据，表现出一定的选择倾向性，从中推导出我们期望的结论。当人们对国家社会以及现行的制度体制饱含积极情感时，就会自觉或不自觉地对国家和民族的命运产生更多的关心和关注，保持对国家现行理论、制度和道路更多的支持和“偏爱”。第二，情感是人们认识和行为发生的动力来源。人类从婴幼儿时期开始就对他人的啼哭表现出强烈的同情，正是这种共情反应使人类从婴幼儿时期开始便表现出各种助人行为。脑神经研究进一步证明情感在道德判断和行为选择中的重要作用。虽然不能完全确认情感能够跨越认知直接对行为产生作用，但是越来越多的研究证明情感确实赋予了行为动力。积极的情感是认识和行为产生的催化剂，是人们帮助他人、服务社会的内在条件和基础，更是人们追求崇高理想、突破艰难险阻的力量来源。情感不是凭空产生的，它是人们对于客观现实的一种特殊的精神反应，是人们的社会性需要得到满足后产生的心理体验，因此情感来源于人们的生活实践和生命体验。这种体验既包含现实社会情绪的感染和传递，也包含历史文化情结的内化和积淀。一方面，情绪情感的感染和传递为人们理想信念的发生和形成提供了重要契机和基础。这种情绪和情感虽然可能是短暂的，却具有一定的爆发性，如果加以有效地引导和推动便可以成为理想信念形成的重要动力和契机。另一方面，一种情感既能够在人与人之间传递，也能够世代纵向传递。中华民族精神有着丰富的传统文化和突出的民族情结，这是在特定历史实践中凝结而成的，具有一定的跨时间的延续性。比如，“大同社会”的社会理想，“富贵不能淫，贫贱不能移，威武不能屈”的民族气节等，这些核心品质成为中华民族的情感血脉和不断传承的文化基因。总之，情感形态虽是理想信念的初级形态，但它却是思想行为发生的“催化剂”，是社会共识形成的“黏合剂”。理想信念的坚定离不开情感要素的催化，只有将自己的情感融入理想信念的追求和现实生活的交往中，个体才能积极主动、自愿自觉地承担责任、坚定持守。强调情感在理想信念发生、形成过程中的重要作用，并不是否定理性认知的重要性。应该注意的是，情感也是易变化、不稳定的，有时也会引向极端和反面，因此健康的情感是应该接受理性约束和指导的，只有在科学理性的引领下，情感才能有效地发挥其正向的动力作用。一般而言，情感和理性的成分比例决定了理想信念的不同层次。宗教迷信的神秘主义色彩比较浓厚，非理性因素比例比较大；而马克思主义、共产主义的理想信念拥有相对较多的科学理性成分，是情感体验和理论知识在实践基础上的有机统一。在理想信念的形成过程中，既要以情感为动因和基础，也要积极推动情感形态到知识形态的发展变化，实现感性体验和理性认识相融相通，形成主体对于社会现象和国家发展的情感与理性的统一。

二、理想信念形成的知识系统

知识要素是理想信念科学性的集中体现。理想信念不仅蕴含丰富的情感要素，而且更是理论化、系统性的知识结构，是通过深入思考和系统阐释建构而成的理解和把握人与社会本质关系的理论体系。2013 年，习近平总书记在同各界优秀青年代表座谈时强调：要“把理想信念建立在对科学理论的理性认同上，建立在对历史规律的正确认识上，建立在对基本国情的准确把握上”[①]。这启示人们，不能仅仅把理想信念当成一种超验的情感皈依，将共产主义远大理想和马克思主义信仰悬置到不可触碰的空想境地，而应该看到其基于科学理性和生活实践的可行性和现实性，自觉地把科学理性作为理想信念的表现形式和主要特征。只有透过理性的追问和反思，才能超越朴素的情感，进而形成对世界的科学认识和终极关怀。

理想信念形成的知识系统是人们对当代中国理想信念“是什么”“对不对”“何以如此”等问题的理性认知。在具体形式上，这种理性认知符合一般知识的逻辑框架和体系构成，可以拆解为一系列经过加工和编码的概念、命题和思维方式。概念是理想信念知识形态最基本的单位，是反映对象本质属性的、抽象性的表征形式。比如“共产主义”就是当代中国理想信念中最为

① 中共中央宣传部. 习近平总书记系列重要讲话读本. 北京：学习出版社，2014：161.

重要的概念之一，包含高度发达的社会生产力、按需分配、自由人的联合体等特征。在当代中国理想信念形成过程中，一个重要方面就在于形成有关这类概念的基本认识，这是坚定理想信念的知识基础。除了概念，命题是理想信念另一种重要的知识表征类型。简单来说，命题是由相互连接的诸多概念构成的意义表征。“由于不同概念在头脑中是互相联系的，又具有一定层次关系，因此它们就构成了一种语义层次网络组织。互相联系的概念之间形成命题，命题是意义和观念的最小单元，用于表述一个事实或描述一个状态。”① 也就是说，命题之所以为命题，其要义既在于陈述事实，更在于表达事实所蕴含的整体性意义。由此，相互关联的诸多命题会因意义的相关性而构成命题网络。而当代中国理想信念教育归根结底就是要传播和教授以马克思主义信仰、社会主义和共产主义信念为核心的一系列命题，并引导人们按照历史和逻辑相统一的原则，探索把握不同命题之间的因果联系和层次结构，形成有关当代中国理想信念完整系统的命题网络，进而理性地认识到马克思主义的基本原理以及马克思主义中国化的历史必然性和重大意义等问题。

概念范畴和命题网络构成理想信念的知识载体，它背后蕴含的是逻辑化的思维方式。思维方式是人们在知识学习的基础上，通过一系列深入的信息加工和综合分析而得出的对知识背后的内在逻辑和本质联系的认识，并作为以后知识概念理解和命题网络形成的主要依据和理路。对于马克思主义理论、共产主义理想的理解不应该仅仅是概念命题的集合，而应该经过理性思考和深度分析理解其背后辩证客观的思维方式，以免陷入教条主义或者断章取义的误区。理想信念的形成和对其的坚定持守不仅仅是对陈述性知识的概念和命题的了解和掌握，更是一种理论化、系统化的科学思维方式的获得，只有真正认识到社会和国家建设背后的深层逻辑，才能领会中国共产党的战略思考，才能真正理解不同时期方针政策的目的和意义，才能实现对社会主义现代化建设的科学性确认，并以此为基础真正形成对于理论体系的理性认同，这种认同将在社会主义现代化建设中彰显巨大力量。

---

① 冯忠良，伍新春，姚梅林，等．教育心理学．北京：人民教育出版社，2000：293.

理想信念的知识系统来源于人们对历史、现实和未来的解释原则和认识框架，集中体现了一代又一代马克思主义者的理论和实践探索，并在革命、建设、改革、发展的历史实践中不断得以检验和发展。理想信念建立在科学理性的基础上，依赖于知识，来源于实践，不是仅凭激情来维系的盲目跟随。当前，一些人之所以遭遇一点挫折艰难便对远大理想丧失信心、盲目悲观，甚至认为共产主义遥不可及、虚无缥缈，其根本原因就在于对无产阶级必然胜利、资产阶级必然灭亡的历史规律及其理论逻辑认识不深，对于我国社会主义现代化建设的长期性、曲折性、复杂性理解不够。因此，要引导人们形成当代中国理想信念，就必须强化知识教育，使人们掌握当代中国理想信念的相关概念和命题，形成科学系统的思维方式和逻辑，正确认识人类社会发展、共产党执政和社会主义建设的客观规律，不断增进对马克思主义信仰、社会主义与共产主义信念的理性认同。需要注意的是，理想信念的知识要素是对于感性经验的情感要素的一种超越，不同于情感要素的直观性和碎片化，知识要素是人类从各个途径中获得的经过提升总结与科学系统的认识。但是理想信念的坚定同样离不开情感要素，如果没有情感，知识就是“死”的，情感赋予了知识力量和活力。过去强调以概念和命题为核心的知识形态，可能会掩盖与理想信念相关的丰富情感，从而使鲜活的理想信念固化成为僵化的教条而非进一步研究的出发点和方法。

三、理想信念形成的价值尺度

价值要素是理想信念经过长期的知识积累和情感凝聚，进一步生成的价值判断和行为依据，是更为自觉、更为高级、更为复杂的精神力量。理想信念通常发端于人们朴素的情感和需要，经过理性的认知和体悟，进而逐渐成为一种价值标准和精神追求。理想信念的情感要素是源于人们对国家民族的归属和家园建设的热忱，它源于生活本身的体验和感受，是推动知识学习和行为产生的动力因素。理想信念的知识要素是人们对社会发展本质的、科学的、规律性的认识成果，它源自对科学理论的系统理性认识，是我们解释现象、把握本质的理论基础。理想信念的价值要素是人们衡量事物的根本标准和依据，体现为人们对于马克思主义信仰、共产主义和社会主义的坚定信念，它源于日复一日的实践体验和日渐深入的理性建构，是理想信念建设的最高形态和旨归。当代中国的理想信念是在历史实践的基础上产生、发展并不断检验、丰富的，是对人民根本利益的集中体现，代表了最广大人民的意志、愿望以及社会发展的方向和要求，具有强大的生命力和真正的价值性。理想信念的价值要素能够为人们提供价值尺度和构建精神家园，指引、矫正人们的日常生活和生产实践。

价值要素来源于将情感要素、知识要素上升为主体精神价值的复杂过程。马克思、恩格斯之所以将无产阶级解放和人的全面发展作为最高的价值理想，正是因为他们对资本主义制度下人的“异化”“物化”的悲惨状况有着深刻认识，对人类命运和社会发展报以深切同情和关怀。可以看出，从理想信念的知识要素和情感要素到价值要素的跃迁需要两个关键环节。一是感性和理性相融合。感性和理性从来就不是二分对立的，坚定的信念或者信仰状态既是理性的也是非理性的。人通过理智获得逻辑严密的、有论证的解释，通过情感获得超越理性的坚持和不竭的动力，只有理性和感性融合统一，才能保证人们即使在充满诱惑和抉择的现实生活中也能保持长久一致的价值取向和行动准则。二是理论与现实相联系。理性的知识只有通过实践中的切身感受，与个人的生命体验联系在一起，才能产生真正的价值认同。对于共产主义和社会主义的理想信念也不应该是抽象的理论，而应该与社会主义现代化建设实践相联系，与每个人的生存需要和切身利益相联系，只有现实生活日益美好和理想目标逐步实现，才能促使人们深切体认到社会主义的深刻内涵和优越性，才更能明白中国特色社会主义制度、道路对中国的建设和发展的重要作用。

理想信念的价值要素具有情感要素和知识要素所不具备的性质，即导向性、坚定感以及个体和社会性的辩证统一。首先，理想信念中的价值要素对于人们的思想行为具有决定性的导向和引领作用。人们一旦形成了某种价值标准，就必然会在相应的现实情境中以自身的价值标尺衡量其他相关的信息，遵循自己的价值标准做出相应的行为选择，进而形成一种维护特定价值观念体系的责任感和使命感。其次，习近平总书记指出："要教育引导广大党员、干部把践行中国特色社会主义共同理想和坚定共产主义远大理想统一起来，做到虔诚而执着、至信而深厚。"[①] 这就是所谓的坚定感，是价值主体对某种观念、理论或事件的真理性的确信不疑和执着追求。理想信念的知识构成更多停留在人们对于其理论内涵的基本认识和理解，而价值形态则是达到了对于理想信念的至信和执着，具有一定的持久性和抗干扰性，是认知、情感和意志的有机统一体，是人们在一定的认识基础上确立的对共产主义远大理想和社会主义共同理想坚定不移并身体力行的精神态度。再次，理想信念的形成归根结底是用无产阶级解放和人的自由全面发展的价值理想引导个体实现自我价值和理想的过程。这就决定了我们所倡导的理想信念必然关照到人类性、社会性的价值规范，蕴含着对于某种社会价值取向的接受和认同，而不仅仅是自我的、超现实的价值幻想。因此，如果说情感要素和知识要素更多地限于个人对现实生活和理论体系的体验和理解，那么价值要素就超越了个人范畴，把个人的精神价值和社会的理想追求内在地统一起来，是个体性和社会性的统一。

当前市场经济以及人们对于物质生活的过度欲望和追求，在一定程度上挤压了人们的精神文化生活，使得现实性的物质生活领域不断扩张而理想性的精神价值世界受到冲击，"价值尺度的多元化和不确定性所形成的'没有标准的选择'，终极关怀的感性化所形成的'信仰缺失'、'形上迷失'和'意义失落'"[②]。总之，社会经济文化发展无疑给人们的崇高理想信念的形成带来了挑战，但同时也为新的价值标准和科学理想信念的生长和树立预留了空间和机会。新时期加强理想信念教育不能仅仅停留在一般性的理论知识和价值标准的传递上，更要从精神信仰的层面培育共产主义远大理想的思想根基。只有从崇高的马克思主义信仰中汲取力量，才能突破现代性和市场经济所带来的矛盾和困境，筑牢人们的精神家园，给人们的精神文化世界以根本支撑。

---

① 中共中央党史和文献研究院，中央"不忘初心、牢记使命"主题教育领导小组办公室. 习近平关于"不忘初心、牢记使命"论述摘编. 北京：中央文献出版社，2019：74.

② 孙正聿. 理想信念的理论支撑. 长春：吉林人民出版社，2014：176.

总的来说，情感、知识和价值是理想信念的重要组成部分，并在不断发展和转化的过程中构成了理想信念的要素生成机理。仅有满腔热血而缺乏知识理论的支撑，或仅有满腹经典而缺少真挚饱满的情感，都不能够形成坚定的信念和崇高的信仰。由此，新形势下加强和改进理想信念教育，应立足共产党人精神养成的客观规律，以价值为主体，以情感和知识为两翼，将以情感人和以理服人有机统一起来，引导人们在情理交融中逐步确立科学完备、远大崇高的理想信念。

第三节 理想信念形成的基本过程

就理想信念形成的过程而言，其既不能仅仅依靠单纯的教育手段来实现，也并不是一种普通的“心理要素”或“心理状态”，而是一种由知、情、意、信、行全部要素参与其中的复杂过程，是人们将自我的本质需要对象化的主动建构与实践活动的综合性产物。由此我们可以尝试归纳出有关理想信念形成的三个基本认识。

一、理想信念的形成有赖于社会成员的深度卷入

理想信念的形成在一定意义上可以被理解为是人的某种心理变化。按照马克思主义的观点，人的心理是大脑、感官和肌体共同作用的结果，也是人的本质的历史态、现实态和未来态的集中体现。由此可以得出如下结论：人的全部心理现象以及建立在特定心理基础之上的全部思想意识，都有赖大脑、感官、肌体的共同作用，都需要人们将自我的历史经验、现实需要和未来期许融入其中。在这一意义上，理想信念的生成无论是广义上指向特定奋斗目标的精神现象，还是狭义上建立在马克思主义科学信仰基础之上的共同理想和远大理想，既是感官经验与理性建构的结果，也是个体及群体历史经验、现实需要和未来期许在发展方向和奋斗目标上的集中体现，处于个体思想意识体系中的最高位置。理想信念的形成并不是在单个人的“封闭系统”中完

成的，而是在整个社会的大系统中进行的，每个人都会与社会环境产生交互作用，一方面我们通过创造改变着环境，另一方面环境又会塑造我们的性格、影响我们的行为。个体理想信念的形成在社会中一定会不同程度地受到社会心理的影响，这些社会心理其实是人类实践过程的产物，个体理想信念的形成是一种个体意识与社会意识相互作用的结果。要形成这样高位格、系统化的精神现象，需要充分发挥大脑、感官、肌体的全部功能，充分调动知识积累、生活经验和认识能力，进而实现个体的深度卷入。

理想信念的形成不仅仅是个体意识的作用，还不同程度地受到一种价值主体难以觉察的社会文化的影响，个体会对理想信念产生“莫名的好感”，从而卷入其中，其实这就是文化基因在发挥隐性作用。无论人们是否觉察到，文化就好比人生的舞台背景，时刻能够影响人的心理和行为。社会作为一个没有实体形式的外在组织，社会与个人之间的法定契约就是维持社会基本秩序的各项法律法规；但个人与社会之间的互动关系除了能够表达为明文规定的法律关系之外，还存在很多无法明文规定、只能靠个人自行认知和理解的契约关系，如伦理、道德、风俗、价值观等。在我国的现实语境中，“理想信念”作为一个兼顾个人意愿和公共意志的特殊概念，实质上集中反映了个人与社会之间存在的心理契约关系。在当前我国的思想政治教育话语系统中的理想信念，是作为理想信念最高层次的社会理想信念。社会理想信念和个人理想信念是两种不同类型的理想信念，但两者紧密地联系在一起，相互作用、相辅相成。社会理想信念在理想信念的总体结构中具有最高地位，它对于个人理想信念的发展方向和实现程度具有决定和制约作用；个人理想信念则是社会理想信念的具体体现，也是树立社会理想信念的基础。理想信念的形成既要坚持以人为本，充分发挥人的主观能动性，同时也应引导和敦促差异社会中的个体有包容合作、协调共事的能力与素养，能够正确、恰当地处理人与自然、人与社会的关系，实现个人与社会的有机融合，从而实现社会成员的深度卷入。

但在社会成员深度卷入的过程中需要尤为注意情绪反应问题。可以说，就理想信念的形成过程而言，其生成有赖于知、情、意、信、行等全部要素的深度卷入。在这一卷入过程中，至关重要的是人的情绪体验。而在与理想信念相联结的诸多情绪中，指向个人未来希望的心理预期以及由此产生的“预期情绪”尤为重要，这种情绪“受结果、比较和对结果出现的信心的影响”①。以当代中国理想信念的形成为例，个体对共产主义远大理想和中国特色社会主义共同理想实现的必然性，以及这种实现对自我人生理想、职业理想满足程度的心理预判，将直接影响个体理想信念形成的预期情绪；心理预判好，将产生愉悦情绪，进而就会增进个体心理的深度卷入，促进理想信念的形成；反之，就会阻碍个体心理的深度卷入，制约理想信念的形成。因此，简言之，从心理学视域研究理想信念形成的心理卷入，就是要确认情绪体验在理想信念形成中的启动作用，把握基于心理预期所产生的情绪类型和情绪障碍，进而探索情绪疏导的心理策略。

二、理想信念的形成是社会成员主观建构的结果

既然人的价值理念与心理现象是人对外部世界的能动反映，是人的本质的对象化结果，那么考察理想信念的形成就不仅需要关注理想信念作为知识体系和信仰体系如何向人的内心转化，更需要关注人如何基于自身的需要和心理特质对这种知识与信仰的能动性改造，使之成为与自我心理结构、心理预期相适应的思想意识，关注人的意识主观建构发生的内在矛盾、深层驱动和最终成效。

理想信念的主观性特点是显而易见的，每个人基于不同的成长经历、教育背景，自发形成的理想信念肯定各有不同，对表达公共意志的社会期望的理解也各有差异，所以每个人形成的理想信念都具有非常鲜明的主观性特点。通过主观建构能够获得对理想信念新的理解、认识与确证，在个体上，我们受到与理想信念相关的因素的影响，能够实现自发的主动转化。由此可见，主观建构意味着个体自我意识的觉醒，人们在觉醒中更加理性冷静地认清自我，在身体与心理（身心）之间、心理与环境（特别是社会文化）之间、天

① 庄锦英. 情绪与决策的关系. 心理科学进展，2003，11（4）：423-431.

性与教养之间、思想—感情—行为之间、过去—现在—未来之间复杂的交互作用中形成个体的理想信念，并以理想信念统摄自身的精神生活，视为自身的精神寄托，保持矢志不渝、自觉追求的精神状态，它是对于一定社会理想的自觉认同和执着追求。随着时代的发展，人的主体性地位日益彰显，平衡好个人意愿和公共意志是各个国家、各种社会发展的共同目标。我们所使用的理想信念概念，是兼顾了个体和社会共同利益的最高价值标准，形成符合社会期望的理想信念不仅能够使个体为社会发展贡献力量，同时也能使个体融入社会主流，获得相应的精神和物质回馈。

理想信念的主观建构形成于“人在特定经济形态中后天形成的心理结构层次”①，其形成的根源和机制“不是心理学本身或神秘的‘人的精神’之类的东西所能予以解释的了，而必须依赖马克思主义政治经济学和辩证唯物论的反映论给我们提供答案”②。这源于人对客观环境的选择性与适应性反应，生命有机体对体内外环境具有一种本能的选择性反应与适应性反应。理想信念的主观建构可以看作一个“服从—认同—同化—内化”的过程。“服从”是指人们对于以新的经济形态为基础的生活方式、思想观念、道德风尚、人际关系等各方面的初级接受状态。一般情况下，人们对于新事物通常有一种本能的防御心理，但新的社会系统会强制性地要求其成员进入它的运行轨道，否则对于个体而言便不能很好地生存发展下去。具有理智的人们会克制情感上对新事物的排斥感和陌生感，一段时间后便会对这些能够促进社会发展和人的全面发展的新生事物表示认可，达到初步的“认同”。接着，人们会自觉地做出与社会要求趋于一致的价值判断和行为选择，因为这无论对于个体而言还是对于社会而言都是有益的，这种自觉的与社会要求“趋于一致”的心理和行为便是“同化”。当自觉行为逐渐形成稳定的心理结构并常常以不自觉的价值判断和行为选择表现出来时，即到了“内化”阶段。

①② 李存煜．论社会心理的基本结构特征及形成机制（续）．徐州师范学院学报，1989（2）：77－84.

在社会成员理想信念主观建构的过程中，意识层次问题显得尤为重要。从社会成员个体角度出发，理想信念之所以是一种特殊的精神心理现象，就在于它是一种高度自觉的意识。而意识在层次上可分为焦点意识、边缘意识、下意识、前意识、无意识。其中“人的焦点意识对对象的觉知程度最高，其标示人全神贯注于某特定刺激而得到的明确意识经验；人的无意识对对象的觉知程度最弱，其标示人对环境中的事物无所感、无所知的状态”①。理想信念只有成为焦点意识的觉知对象，人们才会对理想信念的相关信息发生有意注意，其觉知程度才能最大，才会认同、信服、敬仰理想信念，最终形成理想信念。有鉴于此，探讨理想信念的主观建构，就是要探究理想信念“从观念出发经由信念再到信仰”的心理过程及其内在规律，特别是要揭示和回答个体如何运用自我的认知工具和生命经验加工整合理想信念信息并最终形成信仰的问题。

三、理想信念的形成离不开人的实践活动

实践活动可以被看作与心理、环境相并列的三个核心范畴之一。人的全部心理活动产生于人与自然环境、人与社会环境、人与自身精神环境的实践关联。“意识是在实践过程中形成的，实践是思维最本质、最切近的基础。人通过实践改变自然界，改变人与人之间的关系，在此过程中，同时也改变着自己的心理或意识。”② 理想信念作为依托人的心理世界产生的独特精神现象，是心理世界与外部环境相互作用的结果，而实践是连接心理世界与外部环境的中介和桥梁。借助实践人们将存在于心理世界的意识或观念付诸现实的活动，并经由检验、反馈、调整、再检验，最终形成稳定的与理想信念相一致的思想行为模式。

实践活动是我们进行理想信念教育的传统路径，在实践过程中实现理想信念的知行一致。知行一致一直是理想信念教育中的重要目标，表示的是一

---

① 陈相光. 马克思主义信仰的心理发生逻辑. 思想理论教育，2016（5）：52-58.

② 杨文登，丁道群. 马克思主义实践哲学视域中的心理学研究. 中南大学学报（社会科学版），2009（3）：315-323.

种个体理想信念存在的应然状态，即人们拥有理想信念并能将之转化为符合理想信念要求的实践活动。知行一致是理想信念与实践活动双向协调的动态过程：一方面，人在已有的理想信念的指导上自觉主动地将理想信念转化为具体实践活动，突破知而不行的障碍，实现"以知导行"；另一方面，人能够通过自觉不自觉的、符合理想信念要求的实际行为来反作用于理想信念的形成和巩固，破解行而不知的困境，也就是"以行化知"，这符合"通过实践而发现真理，又通过实践而证实真理和发展真理。从感性认识而能动地发展到理性认识，又从理性认识而能动地指导革命实践，改造主观世界和客观世界"① 的根本要求。"以行化知"是指行为在一定程度上能够影响甚至改变人的观念，是指行为对人的观念具有反哺功能，即通过行为对信念和心理的影响来论证以行化知的可行性，并最终构成知行统一的双向互动过程。行为为什么能够对人的观念产生影响？简单来说，至少包括三方面原因：第一，行为创造了直接经验，而直接经验本身就是信念的重要来源；第二，行为对已有认知具有检验作用，"实践是检验真理的唯一标准"，通过实践被验证为有效正确的信念，自然会在观念上得到强化和巩固；第三，行为能够深化认知，通过实践能够发现原来认知中的不足，使认知更科学更全面。以行化知不是我们在研究理想信念知行转化时的重点部分，但也是不可缺少的一部分。以行化知的核心内涵是行为的持续存在对于认知层面的决定性影响，这带给我们的启发是，对于符合理想信念的"行为"的促进和深化，将会直接影响到人们对这一行为的认可和接受度，进而使人们更加容易接受并认同与行为相对应的认知和观念。在实际行为对理想信念形成的影响中，我们能够应用这种原理来实现对于持续的"实际行为"的引导强化，从而促使人产生行为习惯，在人开始自发进行学习之后，人就会在学习过程中不断矫正自己的实际行为来向实践活动靠近，依靠观察学习可以迅速掌握大量的实践活动形式，并在其中实现对理想信念认识的深化、内化。

在马克思主义的观点中，人的意识来源于社会实践，社会实践的改变也

---

① 毛泽东. 毛泽东选集：第1卷. 2版. 北京：人民出版社，1991：296.

会对理想信念的形成过程产生影响，“意识一开始就是社会的产物，而且只要人们存在着，它就仍然是这种产物”[①]。而同时“社会生活在本质上是**实践的**”[②]，所以我们更应该注重行为实践对理想信念的促进作用，以超越一般的影响方式，来实现理想信念形成过程的完善。由思想到实践再由实践到思想的循环过程，是理想信念形成、巩固、实践的根本过程。只有当我们不断重复和巩固这一过程时，我们才能够真正把握在个体角度上的理想信念形成规律。正如马克思所言：“哲学家们只是用不同的方式**解释**世界，而问题在于**改变**世界”[③]，归根到底是为了更好地实践，更好地解决问题。

社会成员的深度卷入和主观建构过程是由知到行的重要前提，有助于突破理想信念外化为行为的现实困境。在经过深度卷入和主观建构两个阶段之后，个体已经拥有大量有关行为的信念，但在某一特殊的情境下，通常只有与情境最相关的少数行为信念能够被提取并感知到，这些可获取的信念被称为突显信念，构成了行为态度、主观规范和知觉行为控制的认知与情绪基础。在某种情境下，突显信念的数量与主体的行为意向密切相关，即主体越想去做一件事，就越觉得自己与某件事相关性程度高，便会提取和感知到更多的突显信念，从而再去引领和指导行为。对于行为意向的关注和研究有助于我们把握理想信念形成过程中知行转化的中介变量，从而通过对行为意向的引导来促进知行转化。

事实上，在经历了深度卷入和主观建构之后，理想信念在意识和观念层面已经初步稳定，个体也已初步形成了与理想信念相一致的情绪体验、认知基础和价值判断，这就具备了由“观念”到“实践”转化的必要性和可能性。在这一转化过程中，行为意向就成为至关重要的考量因素。因为理想信念作为一种特殊的人类行为，是由内隐性的心理内容与外显性的物理动作两部分构成的，而心理内容与相应的物理动作之间就构成了意向因果关系。“意向因果关系的本质特征是，意向状态自身作为原因起着产生它自己的满足条件的

---

① 马克思，恩格斯．马克思恩格斯文集：第1卷．北京：人民出版社，2009：533.

② 同①505.

③ 同①506.

作用，或者它的满足条件作为原因起着产生它的作用。一方面，作为一种表现，它产生它所表现的东西；另一方面，被表现的对象或事态作为原因起着产生表现的作用。”① 所谓的意向因果关系强调的就是行为意向引起相应行为发生的心理规律。从心理学角度研究理想信念形成的实践转化，就是要探究行为意向在理想信念实践中的实际效果、作用形式及影响因素，进而形成推动理想信念实践转化的心理策略。

第四节　理想信念形成的“个体—社会”协调方式

人的存在具有双重属性——自然属性和社会属性；因此，人的发展也必须在自然和社会两个维度上同时发展。个体理想信念的形成就是社会理想个体化与个体理想社会化的协调统一，在个体理想与社会理想协调统一、个体心理和社会心理融通互塑的过程中，不断促进理想信念的产生和发展。

一、个体理想与社会理想协调统一

理想信念作为人的存在的精神表征，其真正形成在一定程度上表征为社会理想个体化与个体理想社会化的协调统一，也就是个体理想与社会理想的辩证统一。个体理想并不是个人想干什么就干什么的“空想”，社会理想也不是心中只有社会而无视个人价值的“束缚”，这两种理解都是极端片面的。事实上，一方面，社会理想并不排斥个人理想，它反映了全体社会成员的共同利益和共同需要，是全体社会成员的共同理想。同时，社会理想只有个体化，转化为全体社会成员的共同奋斗目标，才有生命力，才可能实现。另一方面，个体理想又不能脱离社会理想，个体理想只有为社会所认可，符合社会理想的要求，才有实现的可能。而且，社会理想的实现，为个体理想的实现开辟了广阔的道路和空间，提高了个体理想实现的可能性。理想信念教育要促进

① 塞尔. 心、脑与科学. 杨音莱，译. 上海：上海译文出版社，1991：120.

个体理想信念的形成不仅要促进社会理想的个体化，还要促进个体理想的社会化①。

基于此，对个体理想与社会理想的融通互塑应当从两方面来考察。一方面是社会理想的个体化。在严格意义上，理想教育就其主要内容来说，实质上是社会理想的教育。因此，理想教育在人的发展过程中的作用，或者说理想教育促进人的发展的首要任务，就在于使受教育者把为全社会所认可的社会理想内化为个体自身的人生理想和追求，也就是促进受教育者实现社会理想个体化。马克思主义认为，人的发展是社会发展的手段，又是社会发展的目的。一切社会历史都是人的历史，人的发展是社会发展的基础和前提，社会的发展又促进人的发展，以人的发展为尺度，以人的发展为归宿。社会发展是无限的，因而人的发展也是无限的，“全面自由的发展”是人的发展的理想样式和终极目标。那么，将人的全面自由发展这种远大的社会理想转化为个人的意识和价值追求则是社会理想个体化的过程。理想教育要促进受教育者完成社会理想个体化，就必须主要向受教育者灌输社会理想。但是，我们又不能教条、僵化地仅向受教育者灌输社会理想，生活理想、职业理想、道德理想等也是理想教育的应有内容。其实，生活理想、职业理想、道德理想的教育，也存在社会理想个体化的问题。比如，进行职业理想教育，不但要教育和引导受教育者认识自身的兴趣、爱好和个人能力，而且还要充分认识社会需要，特别是社会职业分工的需要，树立职业只是分工的不同、没有高低贵贱之分和“行行出状元”的职业理想观，确立社会价值与个人价值相统一的职业理想目标。这明显就是确立职业理想上的社会理想个体化。同样道理，生活理想、道德理想的教育，也存在社会理想个体化问题。

另一方面是个体理想的社会化。通过理想教育，受教育者完成和实现了社会理想个体化的任务，也就是根据教育者的要求确立了一定的理想。但我们知道，使受教育者确立一定的理想，并不是理想教育的终极目标，终极目标是促使受教育者自觉追求和实现理想，将理想变为现实，在实现个体价值

---

① 王前军，王南方．从社会理想个体化到个体理想社会化：理想教育促进人的发展的基本路向．求实，2008（1）：85-87．

的同时，为社会做出贡献，实现社会价值。个体追求理想、实现理想的过程，就是个体理想社会化的过程。如果把社会理想个体化称为通过认识而内化的过程，那么，个体理想社会化就是通过实践而外化的过程。因而可以说，理想教育促进人的发展，是教育的一般规律在理想教育中的具体体现。理想教育促使受教育者实现了从社会理想个体化到个体理想社会化的发展过程，从而也促进了受教育者的发展。

二、个体心理与社会心理融通互塑

个体心理是主体对自身与社会文化环境以及它们之间关系的观念把握和体验；社会心理是社会上人们普遍承认和接受的社会共识、主流思想和感情等。它们彼此区别，但又密切联系。在社会交往活动中，个体心理与社会心理发生互动，并实现了心理的社会化。心理的社会化具有两方面的含义："一方面指社会心理内化为个体心理，为个体所接受，将个体心理整合、同化，改造为具有社会人的普遍心理；另一方面指个体心理外化为社会心理，为社会其他成员普遍接受，升华为社会普遍心理，从而使社会心理进一步得到发展。"①

基于此，对个体心理与社会心理的融通互塑应当从两方面来考察。一方面是社会心理内化为个体心理。社会心理向个体心理的内化是社会意识、社会情感、社会意志、社会需要、社会价值等为个体所接受，从而形成社会人的心理的过程，是个体心理被社会同化的过程。个体成为社会的人，必须具有社会人的心理。这种心理不是个体本身自然具有的，而是从社会生活中产生的，是社会心理、社会精神向个体心理的内化。这种内化包括以下几方面：第一，社会认识向个体心理的内化，即社会政治法律思想、道德观念、宗教信仰、哲学世界观、科学理论，以及各种知识体系、前人的社会经验等为个体所接受。第二，社会情感向个体心理的内化，爱国主义情感、正义感、同情心、爱情、美感、追求真理的理智感等都是个体在成为社会人时应当具备

① 石凤妍. 论个体心理—社会心理的互动与心理的社会化. 南开学报（哲学社会科学版），2000（2）：37－41，54.

的人的情感。第三，社会意志向个体心理的内化，即社会目标为个体所认同，化为个体的理想追求和行为，使个体的个人目的和努力与社会目的相一致。第四，社会需要向个体心理的内化。每一个时代、每一个国家和民族都有自己的社会需要，而社会需要必须通过社会中人们的社会实践活动来满足。因此，只有当社会发展的总体需要为个体所认同，化为千百万人的实践创造活动时，才能满足社会需要。同时，个体只有调整自己的需要，使之与社会需要相一致，个体需要才能得到合理的满足。因此，社会需要向个体需要的内化是必然的。

另一方面是个体心理外化为社会心理。个体心理外化为社会心理指个人思想为集团（或人群）接受和传播到社会，成为社会上人们的共识和时代精神，这是个体心理外化和普遍化的过程。个体心理之所以能够实现向社会的外化，首先是由于心理的社会本质使个体心理向社会心理外化成为可能。如前所述，个体心理是人参与社会实践的产物。个体活动的方式和手段都是社会性的，个体心理是社会生成的，这就表明个体心理与社会心理、个性与社会性可以由此达彼。个体心理的社会性决定了它向群体心理、社会心理外化的必然性和相互融合的可能性。其次，社会生活的需要为个体心理向社会心理外化提供了客观现实依据。超现实的、创造性的思想，开始时只属于少数先进个体，而改造现实世界、创造理想未来的社会需要，要求社会最先进的思想化为社会成员的共识，为群众所掌握并落实到群众实践活动中去，这就促使个体心理外化为社会心理。

第二章

新形势下共产党人坚定理想信念的本质意涵

习近平总书记曾明确指出："坚定理想信念，坚守共产党人精神追求，始终是共产党人安身立命的根本。"① 理想信念作为个体与社会交往互动中逐渐形成的社会精神成果，是人们情感、观念、意志等各种心理要素的高度凝练，是精神世界的核心支柱。习近平总书记进一步指出："中国共产党人的理想信念建立在对马克思主义的深刻理解之上，建立在对历史规律的深刻把握之上。"② 中国共产党作为依靠马克思主义信仰和共产主义远大理想而凝聚起来的先进政党，正是因为始终忠诚捍卫并坚定践行理想信念，才带领全体中国人民历经艰辛磨难，最终取得革命、建设与改革的伟大胜利。随着中国特色社会主义进入新时代，多元文化交织交融交锋，社会结构变迁与环境变化日趋深化，深刻理解新形势下共产党人坚定理想信念的本质意涵，推动全体共产党人坚定理想信念，既是夯实共产党人安身立命之本的现实需要，也是推动共产党人继续凝心聚气、攻坚克难的深厚动力，更是共产党人筑牢信仰之基、补足精神之钙、把稳思想之舵的关键所在。

第一节　共产党人坚定理想信念的本质规定

就学界现有研究而言，学者们普遍认为，"共产党人坚定理想信念"是一个实践问题。从共产党人坚定理想信念的过程而言，其确实是一个具有长期性、过程性的实践问题；但如果将其仅仅理解为一个实践问题，使共产党人坚定理想信念变成了一个"不证自明""不容置疑"的问题，就会误以为共产党人坚定理想信念是一个"没有理由""没有原因"的事情，而不是一项建立在科学的理论和先进价值理念基础上形成的思想观念。因此，破解共产党人坚定理想信念的前提性命题，证明共产党人坚定理想信念的合理性与科学性就显得尤为重要。这就需要在实践进路的基础上，将共产党人坚定理想信念

① 中共中央文献研究室．十八大以来重要文献选编：上．北京：中央文献出版社，2014：80.

② 中共中央党史和文献研究院，中央"不忘初心、牢记使命"主题教育领导小组办公室．习近平关于"不忘初心、牢记使命"论述摘编．北京：中央文献出版社，2019：89.

视为一个理论性问题，深刻剖析共产党人坚定理想信念的基本内涵，分析在功能意义维度上共产党人坚定理想信念的本质定位，厘定共产党人坚定理想信念的核心特征，以夯实共产党人坚定理想信念的理论与价值基础。

一、共产党人坚定理想信念的基本内涵

习近平总书记站在中国共产党发展历程的高度，对共产党人坚定理想信念进行了明确的内涵确定，指出“对马克思主义的信仰，对社会主义和共产主义的信念，是共产党人的政治灵魂，是共产党人经受住任何考验的精神支柱”①。这一内涵概括既是对中国共产党百年发展历程的高度概括，也是对中国特色社会主义进入新时代，共产党人究竟要信仰什么、为什么信仰、如何信仰等问题所进行的理论研判。

从字面上看，“理想信念”这一概念是由“理想”与“信念”两个词组合成的复合型概念，但又不是两个概念的简单叠加，而是一种涵盖了理想、信念甚至更高层面的信仰的综合概念。对个体而言，理想信念是一种价值追求和价值取向，是个体发展的风向标和动力源；对整个国家和社会而言，理想信念是中国特色社会主义共同理想和共产主义远大理想的集中统一，勾画出共产主义社会的宏伟蓝图。共产党人坚定理想信念是一个完整的理论形态，既包括了对作为社会主义国家主导意识形态的马克思主义的坚定信仰，也包括了对社会主义制度与共产主义愿景的执着信念，是“其世界观、价值观和人生观的集中体现”②，是一个涵盖了现实性与未来性、实践性与理想性形态的共产党人坚守的价值观念。有鉴于此，基于共产党人的特殊属性，我们所指的共产党人坚定理想信念的基本内涵包括两个维度：

（1）坚定马克思主义信仰的实践过程。在纪念马克思诞辰 200 周年大会上，习近平总书记明确指出：“中国共产党是用马克思主义武装起来的政党，

① 中共中央文献研究室．十八大以来重要文献选编：上．北京：中央文献出版社，2014：80.

② 郑永扣．以人为本与共产党员理想信念教育．郑州大学学报（哲学社会科学版），2008，41（3）：28-31.

马克思主义是中国共产党人理想信念的灵魂。”① 中国共产党是以马克思主义为指导的无产阶级政党，马克思主义信仰是共产党人的鲜明本色。中国共产党的根本宗旨是全心全意为人民服务，以人民为中心的崇高信念是共产党人的核心价值。而马克思主义则是群众利益的真切表达，实现每个人的自由发展，从而实现一切人的自由发展，是马克思主义始终坚守的价值准则和追求的理想目标。无论是作为个体的人，还是作为社会群体中的人，都是马克思主义的关注对象。“马克思主义所孜孜以求的人的全面自由发展，既是人的个性、能力和知识的协调发展，也是人的自然素质、社会素质和精神素质的共同提高，还是人的政治权利、经济权利和其他社会权利的充分实现。”② 正如习近平总书记所指出的，“马克思主义博大精深，归根到底就是一句话，为人类求解放。”③ 而不断中国化的马克思主义也始终围绕以人民为中心的主题不断发展。无论是全心全意为人民服务的宗旨，还是共同富裕的思想理念，抑或是“三个代表”重要思想和科学发展观，都体现了共产党人始终坚持人民利益高于一切，将人民利益放在首位的政党本质。进入中国特色社会主义新时代，以人民为中心的发展思想是习近平治国理政思想中的核心概念，充分体现了发展为了人民、发展依靠人民的根本遵循。“马克思主义之所以能直抵人心、化为共产党人的信仰，就是因为它植根于人民之中、依托于规律之上，指明了依靠人民、遵循规律推动历史前进的人间正道。”④ 而在更广阔的意义上，马克思主义是人类思想史上的伟大成果，以这一伟大成果为引领，并将之作为共产党人理想信念的核心内容，也内在地规定了共产党人坚定理想信念的先进性与科学性。马克思主义是以对资本主义发展的分析与批判而进入世界历史舞台的，在历史唯物主义视野下，“马克思全方位剖析了资本主义社会运行机理，从其内外部矛盾中揭示了现代社会存在的根本问题和发展的必然趋向，论证了现代社会向社会主义、共产主义转变的历史必然性和社会形

① 习近平. 在纪念马克思诞辰200周年大会上的讲话. 北京：人民出版社，2018：24.

② 田俊秀. 马克思主义的人民性历久弥新. 宁夏日报，2018-06-06.

③ 同①8.

④ 刘光明. 理想信念是共产党人初心的本质要求：学习习近平总书记在中央政治局专题民主生活会上的重要讲话. 解放军报，2020-01-10 (7).

态转变的形式多样性”①。在这一意义上不难看出，马克思主义不仅是一种思想上推动社会主义革命的思想武器，更代表了先进的人类文化潮流，是人类文化史上的伟大创新，对于整个人类的文化价值创造具有前瞻性作用。因此，共产党人作为具有先进性的政党，内在地指向共产党人对于马克思主义信仰的坚定与坚守，将马克思主义视为自身的思想文化灵魂，并在实践中坚持运用马克思主义立场、观点与方法分析并解决现实问题。

（2）坚定社会主义和共产主义理想的追求过程。理想信念就其本质而言，具有一定的超越性。换言之，理想信念并不具备绝对的实然性，而是一种建立在现实基础上的具有对未来憧憬向往却又能够达成的价值观念。而社会主义和共产主义理想概括了人类对美好社会的向往，是建立在对人的全面关怀的基础之上，蕴含着对美好社会的追求、对人类解放和全面发展的渴望，是最崇高的理想。“对于共产党人来说，最高理想信念是实现共产主义，现阶段理想信念是建设中国特色社会主义。”② 对社会主义和共产主义的信念是共产党人的毕生追求，在这一追求的过程中，共产党人在改造客观世界的同时不断改造主观世界，真正解决好自身世界观、人生观与价值观的问题。坚定社会主义信念，意味着坚定对社会主义理论正确性、社会主义运动正义性和社会主义制度优越性的信念，在于真正认识并彻底坚信“只有社会主义才能救中国，只有社会主义才能发展中国”，在于在推进中国特色社会主义实践过程中将实现和维护人民利益放在首位，真正将事业的发展与人民利益紧密结合。社会主义对于多数共产党人而言是一种既成现实，但一些共产党人还没有对共产主义形成充分而坚定的信念，对于很多人而言，共产主义是相对模糊的概念，其作为一种愿景性的目标，能否实现、如何实现，仍然在一定程度上困扰着部分共产党人，这使得共产主义逐渐变成了一种缥缈的、看不见摸不着的概念，难以在共产党人心中形成坚定信念。事实上，“对于共产主义的信仰是一种‘心中有他人’的信念，换言之，他们相信人不能只为自己活着，

① 彭劲松．马克思主义与人类文化潮流．学习时报，2018-11-09．

② 郑永扣．以人为本与共产党员理想信念教育．郑州大学学报（哲学社会科学版），2008，41(3)：28-31．

还要为他人考虑，为人民服务，为社会奉献。这种崇高价值的引领会让人们即便在被他人误解或利益受损的情况下，依然具有做好本职工作与为他人服务的热情与勇气”①。对于共产党人而言，坚定对社会主义和共产主义的信念，是中国共产党自成立发展到新时代始终寓于其建设过程中的坚实根基，是中国共产党本质属性的集中体现。

二、共产党人坚定理想信念的本质定位

“理想信念强调了理想和信念中两个基本方面的统一”，“理想信念是最高层次的理想和最高层次的信念的统一。”② 理想信念既注重对未来奋斗目标的追求，又注重现实生活中的信念支撑。共产党人坚定理想信念不是一个“大而空”的虚假命题，而是一个指向现实、服务现实的“真”问题。在对共产党人坚定理想信念基本内涵进行厘清的前提下，立足中国特色社会主义进入新时代的历史方位，共产党人坚定理想信念对中国共产党进行自我建设、对新时代中国特色社会主义建设究竟有何功能作用，深入挖掘共产党人坚定理想信念在新时代的功能意义与本质定位，是科学把握新形势下共产党人坚定理想信念规律的基本前提。

（1）补足共产党人精神之“钙”的内在要求。习近平总书记指出：“理想信念就是共产党人精神上的‘钙’，没有理想信念，理想信念不坚定，精神上就会‘缺钙’，就会得‘软骨病’。”③ 在这一论断中，习近平总书记将人的生命常量元素“钙”、身体疾患“软骨病”引入对理想信念重要作用的判断中，“意在说明中国共产党人坚定理想信念之‘钙’的重要意义，以及缺乏理想信念而患‘软骨病’的严重危害性”④。纵观中国共产党的革命、建设与改革历程，不难发现，理想信念始终是支撑中国共产党发展的关键力量。从李大钊、杨振宇到焦裕禄、孔繁森，再到郭明义、张富清，无不是共产党人坚定理想

① 杨晓慧．信仰·理论·教育：思想政治教育的三种力量．东北师大学报（哲学社会科学版），2018（1）：15-20．

② 吴潜涛．正确理解理想信念的科学含义．教学与研究，2011（4）：5-9．

③ 中共中央文献研究室．十八大以来重要文献选编：上．北京：中央文献出版社，2014：80．

④ 陈锡喜．平易近人：习近平的语言力量．上海：上海交通大学出版社，2014：65．

信念的典型代表，而在中国共产党的基层党员干部中，这种典型不胜枚举。“革命烈士、老一辈革命家之所以练就风雨不侵的钢筋铁骨、铜墙铁壁，是因为他们的理想信念之‘钙’无比充盈，对于自己认定的马克思主义、共产主义信仰和社会主义信念笃信终身、坚如磐石。”① 随着时代的变革与社会进步，一些党员干部反而在物质生活愈发满足的当前出现信仰迷茫、精神迷失的重大问题。就外部环境而言，经济全球化导致的世界多极化趋势不断增强，国际范围内意识形态的斗争愈加激烈，以更加渗透化、多元化、细节化的方式铺开，西方国家对我国的意识形态渗透从未停止，企图从价值观层面否定价值立场，瓦解信仰；而国内市场经济的深入推进使得以资本增殖为导向的经济思想渗入并腐蚀共产党人的价值观念。就共产党人自身而言，在中国共产党长期执政的语境下，一些共产党人在外部的冲击下放松了警惕，更放松了对自我的要求，使得异质意识形态与价值观念“有机可乘”，才会出现总书记所说的“这样那样的问题”。在中国特色社会主义进入新时代的历史节点上，共产党人坚定理想信念的过程，就是“补钙”的过程，也是治疗“软骨病”、使共产党人在理想信念感召下实现个人与集体发展的过程。

（2）筑牢共产党人政治灵魂的思想根基。习近平总书记指出，“坚定的理想信念，永远是激励我们奋勇向前、克难制胜不竭的力量源泉。”② 理想信念作为一种信念支撑和精神支柱，直接影响着人们思想动机的变化和奋斗目标的确定，是帮助个体树立科学世界观、人生观、价值观的基础。共产党人坚定理想信念的过程，在其本质上而言就是筑牢政治灵魂的过程。“有了坚定的理想信念，站位就高了，眼界就宽了，心胸就开阔了，就能坚持正确的政治方向。”③ 之所以将共产党人坚定理想信念的作用放在如此高的位置，归根结底是由中国共产党的性质所决定的。正如马克思在《共产党宣言》中所指出的：“一方面，在无产者不同的民族的斗争中，共产党人强调和坚持整个无产

① 杨畅．“理想信念是中国共产党人的政治灵魂”：学习习近平总书记关于理想信念的重要论述．湖南日报，2019-07-20.

② 习近平在宁夏考察时强调：决胜全面建成小康社会决战脱贫攻坚 继续建设经济繁荣民族团结环境优美人民富裕的美丽新宁夏．人民日报，2020-06-11（1）.

③ 母涛．坚守共产党人的政治灵魂．红旗文稿，2016（23）：25-26.

阶级共同的不分民族的利益；另一方面，在无产阶级和资产阶级的斗争所经历的各个发展阶段上，共产党人始终代表整个运动的利益。”① 首先，在中国的具体实践语境中，中国共产党作为工人阶级先锋队，始终“以马克思主义为指导思想和理论基础，以实现共产主义的社会制度为最终目的”②。早在中国共产党成立之初，我们党就已经将马克思主义作为指导思想，指导思想的正确性使得党能够在革命、建设与改革进程中不断彰显自身作为工人阶级政党的先进性与生命力。其次，将共产主义视为共产党人的远大理想更是其与生俱来的政治品质。习近平总书记曾明确指出：“中国共产党之所以叫共产党，就是因为从成立之日起我们党就把共产主义确立为远大理想。”③ 在这一意义上而言，理想信念就是共产党人的“初心”，决定了共产党人究竟是秉持什么、为了什么出发的重要问题。马克思主义指导思想解决了“政治之魂”的引领性、指导性问题，而共产主义的远大理想则解决了共产党人的方向性、发展性问题。因此，推动共产党人不断坚定理想信念，既是党的建设的永恒课题，也是坚定中国共产党人政治灵魂的重要前提。

（3）建构共产党人精神家园的坚实基础。习近平总书记曾深刻指出，我们的国家和民族要有自己的“精神独立性”，不能成为西方道德价值的应声虫，否则，政治、思想、文化、制度等方面都会丧失“精神独立性”，会被釜底抽薪④。在这一重要论断中，如何定义“精神独立性”这一核心概念？“精神独立性”可以看作“中国人之所以是中国人”的价值观念与思想文化。中国共产党作为人民利益的代表，其秉持何种思想观念，如何建构共产党人的精神家园，是国家和民族能否形成“精神独立性”的前提基础。从普遍性意义上来说，“精神家园乃是人的精神生活的栖息之地和人的存在的精神容器。作为意义世界，它容涵与负载着人关于自身存在意义的理性觉知、文化认同、

① 马克思，恩格斯．马克思恩格斯选集：第1卷．3版．北京：人民出版社，2012：413.

② 田心铭．开展党内政治生活的首要任务是坚定理想信念．红旗文稿，2016（23）：4-8.

③ 习近平．在庆祝中国共产党成立95周年大会上的讲话．北京：人民出版社，2016：10.

④ 中共中央文献研究室．习近平关于全面深化改革论述摘编．北京：中央文献出版社，2014：88.

心灵归属与情感寄托”[1]。而共产党人的精神家园“是为中国八千多万共产党员共有共建共治的集体文化记忆和价值追求”[2]，是共产党人在革命、建设和改革的长期奋斗过程中形成的心理、意识、情感和精神的有机统一，彰显着共产党人的政治灵魂与精神追求。共产党人精神家园建设是中国共产党应对现实危机与考验、在新形势下开展党的建设的重要环节。习近平总书记要求，“全党同志一定要坚守共产党人精神家园。”[3] 而理想信念为共产党人精神家园构筑了坚实的地基。一方面，理想信念能够决定共产党人精神家园的方向，使共产党人摆脱生存性的焦虑，转而探求更为广阔、深刻的人生意义。另一方面，理想信念能够在中国共产党中建构一种共通性意识。在共产党人精神家园这种群体意识影响下的共产党人个体才能够通过自我反思、自我超越与自我完善，实现一种深层次的价值自觉。作为精神家园建设的基本前提与重要支撑，理想信念能够“与学习结合产生智慧，与劳动结合产生财富，与创新结合产生发明，在饥寒的年代里创造温饱，在温饱的年代里创造小康，在离乱的年代里创造安定，在安定的年代里创造繁荣”[4]。因此，只有推动共产党人形成坚定的理想信念，才能够在建设共有精神家园的意义上达成共产党人思想与行为的高度统一，真正开辟新形势下共产党人的思想新境界。

三、共产党人坚定理想信念的核心特征

共产党人坚定理想信念作为一项以马克思主义为指导，指向社会主义与共产主义信念的实践过程，从“为何坚定理想信念”的视角而言具有科学性特征，从“坚定何种理想信念”的视角而言具有实践性特征，从“如何坚定理想信念”的视角而言具有长期性特征。这三方面特征交织作用，共同构成了共产党人坚定理想信念的核心特征。

---

① 庞立生，王艳华．精神生活的物化与精神家园的当代建构．现代哲学，2009（3）：8-11.
② 宫丽．当代共产党员精神家园建设论纲．江汉论坛，2016（5）：46.
③ 习近平．在纪念陈云同志诞辰110周年座谈会上的讲话．北京：人民出版社，2015：6.
④ 张志初．精神之“钙”不可缺．湘潮（理论版），2014（4）：1-3.

（1）科学性。科学性在根本上来自理论的科学性。理想信念的选择，绝不是一种冲动性、感性化的情感选择，而是以深厚理论信仰为基础和支撑的理性判断。如果没有科学的理论，理想信念就很容易发生动摇。共产党人坚定理想信念，在其根本上是要坚守马克思主义理论的科学指导。从理论的演变角度而言，马克思主义理论并不是空穴来风，而是在对不同思想流派充分认识基础上的创造性成果。正如列宁所指出的："马克思学说是人类在 19 世纪所创造的优秀成果——德国的哲学、英国的政治经济学和法国的社会主义的当然继承者。"[①] 正是在这一意义上，马克思主义理论才真正成为人类精神的精华，对人类文明发展产生了广泛而深远的影响。而在中国特色社会主义的实践中，马克思主义基本原理同中国具体实际进行了紧密结合，产生了习近平新时代中国特色社会主义思想等一系列符合中国实际的马克思主义中国化的理论成果，进一步证实了马克思主义理论的科学性与先进性。从理论本身来看，马克思主义作为一种科学理论，"揭示了人类社会发展的一般规律，揭示了资本主义运行的特殊规律，为人类指明了从必然王国向自由王国飞跃的途径，为人民指明了实现自由和解放的道路"[②]。在马克思主义理论中，共产主义是必然胜利的，这在对人类社会发展趋势进行规律性揭示的同时，确认了共产主义作为人类发展的"终极目标"的科学性。因此，马克思主义理论本身的科学性与彻底性，是共产党人理想信念能够"说服人"的基本遵循。

（2）实践性。共产党人所坚定的理想信念不是"一纸空文"，也不是"纸上谈兵"，而是一种现实目标，是通过实践努力达成的奋斗方向，是一种在现实生活中得以生成并不断发展的实践性理路。共产党人坚定理想信念的实践性主要表现在两个方面：一是理想信念自身属性上的实践性。"理想是人们在实践中形成的、具有实现可能性的、对未来社会和自身发展的向往和追求，是人们的世界观、人生观、价值观在奋斗目标上的集中体现。"[③] 理想信念具

① 列宁．列宁专题文集：论马克思主义．北京：人民出版社，2009：67.

② 龚云．用科学理论筑牢理想信念根基．人民论坛，2019（S1）：68-69.

③《思想道德修养与法律基础》编写组．思想道德修养与法律基础．北京：高等教育出版社，2013：15.

有实践性和社会现实性，是在客观实践中产生，同时也反映了客观事物的发展趋势。“哲学家们只是用不同的方式**解释**世界，而问题在于**改变**世界。”[①] 共产党人所坚定的理想信念是马克思主义指导下的理想信念，其作为一种建立在客观发展现实基础上的价值理念，着眼于“改变世界”的宏伟实践，正如恩格斯所说，“马克思的整个世界观不是教义，而是方法”[②]。理想信念作为马克思主义引领下的价值产物，正是指导人们将理论转化为实践并应用于实践的思想武器。二是现实的、实践的生活是共产党人坚定理想信念的作用基点。马克思指出：“光是思想力求成为现实是不够的，现实本身应当力求趋向思想。”[③] 理想指导现实，现实成就理想，理想信念的形成和发展要与现实统一。对于理想信念的树立与坚定过程而言，如何判断共产党人是否真正树立理想信念，并将之作为自身的价值尺度和判断标准？归根结底是要在现实的实践中进行具体考量。人的认识只有在实践中才能得到验证和强化，理想信念只有在实践中才能真正牢固树立。任何人对任何事物的认识除了“生活于（实践于）那个事物的环境中，是没有法子解决的”[④]。只有在实践环境中，生活创造的意义才是有可能达成和实现的。而共产党人坚定理想信念的过程，就是在具体的、现实的实践中增强人的价值感与幸福感，使共产党人自觉将理想信念作为自身的实践标尺。同时，也在实践过程中对理想信念是否坚定进行检验，发现坚定理想信念过程中存在的问题，从而在实践中不断调整、更正、丰富和创新。在此基础上，推动实现理想信念的淬炼与升华。

（3）长期性。共产党人坚定理想信念的过程不是一个一劳永逸、一蹴而就、敲敲打打就能够实现的过程，而是一个长期的、常态的过程，是一个在树立理想信念的过程中不断确认、不断反复的坚定过程。从历史脉络来看，共产党人坚定理想信念是一个自中国共产党成立以来就始终存在的现实性命题。在中国共产党领导中国人民进行革命、建设、改革的过程中，理想信念

---

① 马克思，恩格斯．马克思恩格斯选集：第1卷．3版．北京：人民出版社，2012：140.
② 马克思，恩格斯．马克思恩格斯选集：第4卷．3版．北京：人民出版社，2012：664.
③ 同①11.
④ 毛泽东．毛泽东选集：第1卷．2版．北京：人民出版社，1991：287.

始终发挥着重要的引领和支撑作用。也正是在理想信念的导向下，中国共产党才能够在社会主义建设进程中取得举世瞩目的伟大成就。在这一长期发展过程中，理想信念也并非一成不变的。正如恩格斯所说："我们的理论是发展着的理论，而不是必须背得烂熟并机械地加以重复的教条。"[①] 在马克思主义理论指导下的理想信念必然也不会是教条的主义，也要随着时代的发展同步发展，在不同时代、不同国家，理想信念要发挥不同的目标和方向作用，需要结合具体情况进行发展和创新。同时共产主义作为一种远大理想，其实现需要经过一个长期的过程，理想信念也必然要随着共产主义进程的不断推进而不断发展。因此共产党人坚定理想信念的过程也必然是一个发展着的过程，"要随着实践的发展而发展，不能停滞不前。停止了，老是那么一套，它就没有生命了"[②]。可以说，理想信念之所以能够在中国共产党百年发展历程中始终发挥作用，就在于在理想信念发展的过程中，始终在传承与创新、扬弃与发展交织中前进，在与时俱进、不断发展的过程中展现出了强大的生命力。而从共产党人理想信念形成的个体发展脉络而言，共产党人形成理想信念，需要经历一个从无到有、从弱到强、从自发到自觉的发展历程，在这一过程中，共产党人会经历认知、理解、认同、践行最终到信仰的递进层级，这一过程本身就是一个长期的过程。共产党人最开始对理想信念的认识可能是情感上的共鸣、理论上的思考，但是需要在漫长的对他人批判和自我革命的进程中，理想信念才能够真正树立并逐渐坚定成为共产党人的自觉信仰。

第二节　共产党人坚定理想信念的基本要求

共产党人坚定理想信念作为共产党人在精神发展进程中的一项具体而现实的实践活动，受到理想信念本质要求与时代发展现实要求的双重规定。从理想信念本质要求的意义来看，共产党人坚定理想信念需要在根本上坚定理

① 马克思，恩格斯．马克思恩格斯选集：第4卷．3版．北京：人民出版社，2012：588.
② 毛泽东．毛泽东文集：第7卷．北京：人民出版社，1999：281.

想信念的本质属性，即马克思主义的指导地位；从时代发展现实要求的意义来看，既要在推动共产党人坚定理想信念的过程中充分发挥共产党人自身道德指向的深刻作用，把握共产党人理想信念生成的心理规律，也要充分发挥教育引导的外在规训作用，在内外共同作用的意义上推动共产党人坚定理想信念。

一、坚定理想信念必须以马克思主义为指导

“中国共产党人的理想信念，建立在马克思主义科学真理的基础之上。”[①]可以说，以马克思主义为指导，是中国共产党人坚定理想信念的基本前提与重要依托。因此，共产党人坚定理想信念，就要真正学好、用好马克思主义这本“真经”，在马克思主义的价值引领下，破除共产党人既已形成的一些误区，在实践论的视野下真正把握并理解理想信念的精神内涵。

以马克思主义为指导是破除认识误区的价值需要。共产党人坚定理想信念中面临的认识误区大致有两类：一是对于理想信念属性的认识误区；二是对于理想信念内容的认识误区。前者是如何界定理想信念本质的问题，即理想信念究竟是一个观念问题，还是一个实践问题；后者是如何认识理想信念核心内容的问题，即其究竟指代什么的问题。要解决这两个问题，就必须以马克思主义为指导，厘清共产党人坚定理想信念的前提性、认识性命题。就理想信念属性的认识误区而言，一些共产党人往往将理想信念理解成一个观念论上的问题，或者从历史经验总结的角度出发，将理想信念当成一个纯粹的观念塑造，与个人的整体发展相互分离、与实践变化的结合脱节的价值观念；或者将理想信念视为一种依靠外在环境熏陶与教育形塑的价值观念培育成果，而忽略了主体自我接纳、消解、吸收、升华的过程；或者在共产党人坚定理想信念的过程中，特别是理想信念教育过程中，过于突出理想信念的稳定性与惯常性意涵，反而对时代性特点观照不足。而就理想信念内容的认识误区而言，由于受到历史和现实交织的影响，一些共产党人将理想信念理

① 习近平. 在纪念红军长征胜利80周年大会上的讲话. 北京：人民出版社，2016：12.

解成一种纯粹的意识形态，而忽视了理想信念在其根本意涵上对人民、对现实生活的观照与体现。事实上，在理想信念的基本内容中，聚焦人的自由全面发展是其中的重要内容，但由于长期以来理想信念教育方式手段以及载体存在偏差，一些共产党人对理想信念内容的理解也出现了一定的误区。从根本上说，破除上述两种误区就是要坚持以马克思主义为指导。这里的马克思主义着重强调的是作为“一整块钢铁”的马克思主义，既不是教条主义中的“文本式”马克思主义，也不是将马克思主义文本中部分内容摘取出来的“片面式”马克思主义，而是在对马克思主义基本立场、观点、方法进行整体把握基础上所形成的马克思主义价值导向与方向引领，从而清楚阐释理想信念在实践、发展以及人民意义上的本质属性，推动共产党人打破原有认识框架的束缚，在对于理想信念形成深刻、准确认识的基础上，坚定自身理想信念。

此外，以马克思主义为指导也是推动理想信念由“观念”变成“行动”的现实需要。“人应该在实践中证明自己思维的真理性，即自己思维的现实性和力量，自己思维的此岸性。”① 共产党人坚定理想信念，需要以实践观为前提，在实践中证明理想信念的真理性。正如前文所说，共产党人坚定理想信念在本质上是实践的，坚持马克思主义指导则是推动这一实践过程的基本前提，马克思主义理论中饱含的实践观思想是理想信念实现的动力源泉。可以说，“实践是理想成为现实的平台，是把理想转化为现实的中介环节，离开实践来论证思维的真理性和现实性是错误的，实践是检验真理的唯一标准。”② 具体而言，一方面，以马克思主义为指导，能够使共产党人在社会历史实践中坚定理想信念。对共产主义的坚定信念作为共产党人坚定理想信念的重要内容，是社会历史实践发展的最终目标，这一目标建立在对人类发展规律的充分把握之基础上。马克思主义本身就是来源于实践，并在实践中不断得以检验的理论体系。中国共产党是将实现共产主义作为最高理想的政党，自其诞生之日起，就始终在不同的时代语境中依靠马克思主义指导经受住了重重考验，筑牢了自身强大的精神支柱。因此，坚持以马克思主义为指导，能够

---

① 马克思，恩格斯．马克思恩格斯选集：第1卷．3版．北京：人民出版社，2012：134.

② 邹慧，黄河．大学生理想信念教育是一个实践问题．理论观察，2013（5）：118-119.

在实践的意义上帮助共产党人建构自身精神世界，形成共通性的精神家园。另一方面，以马克思主义为指导，能够使共产党人在主客观世界的改造过程中坚定理想信念。对于作为个体的共产党人而言，坚定理想信念的过程，在某种程度上也是改造主客观世界的过程。在马克思主义的科学理论指导下，共产党人能够在生命生活实践之中进行自我批判与自我革命，在实践的过程中充分发现并认识理想信念的先进性与科学性，在认识与实践的反复循环中提升自身对于理想信念的认知、认同与信仰程度，在具体的、现实的社会实践中坚定理想信念。

二、把握共产党人理想信念生成的心理规律①

党的十八大以来，习近平总书记从坚持党的领导与实现国家长治久安的高度，进一步阐明了坚定理想信念的科学内涵、重大意义和实践策略，为新时代加强和改进理想信念教育指明了方向。共产党人坚定理想信念，应该研究把握理想信念形成的心理规律，将国家与社会层面的理想信念在共产党人的心理层面落细、落小、落实。

把握理想信念形成的心理规律，是贯彻落实习近平总书记系列重要讲话精神的应有之义。习近平总书记关于理想信念有两个著名的论断：一个是，“经过几千年的沧桑岁月，把我国 56 个民族、13 亿多人紧紧凝聚在一起的，是我们共同经历的非凡奋斗，是我们共同创造的美好家园，是我们共同培育的民族精神，而贯穿其中的、更重要的是我们共同坚守的理想信念”②；另一个是，“没有理想信念，就会导致精神上‘缺钙’”③。这两个论断蕴含着丰富的心理学原理。中华优秀传统文化作为中华民族的基因，潜移默化地影响着中国人的思想方式和行为方式。如今我们所坚守的理想信念正是深深植根于中华民族的文化心理。因此，我们在理想信念教育过程中应该更加注重从共

① 本节部分观点和论证选自笔者发表的文章《把握理想信念形成的心理规律》（《光明日报》2016 年 10 月 2 日），收录本书时进行了修改与调整。

② 习近平．习近平谈治国理政：第 1 卷．北京：外文出版社，2018：39.

③ 同②50.

产党人日用而不觉的文化心理出发，激活潜藏于其内心深处的文明基因，实现理想信念与人们文化心理的深层共鸣、协调共振。另外，坚定理想信念，补足补好共产党人的精神之“钙”，也需要依赖一定的主观条件。这其中既包括马克思主义理论素养、党性修养等理性认知条件，也包括人格特质、情绪情感、行为动机等感性心理条件。因此，推动共产党人坚定理想信念，就需要关注他们的感性心理条件参与和影响理想信念形成的特点和规律。总之，贯彻落实习近平总书记关于理想信念的科学论断，必须重视研究心理因素对共产党人理想信念形成的深层影响，把握理想信念形成的心理规律，切实将理想信念转化为人们的精神信仰和行为依据。

把握理想信念形成的心理规律，是提高理想信念教育科学化水平的必然要求。科学化就是按规律办事。坚定理想信念离不开外在教育活动与主体内心接受的共同作用，是施教和受教的联结和统一。所以提高理想信念教育科学化水平必须既遵循教育规律，也遵循接受规律，二者缺一不可。但是以往我们在理想信念教育活动中，多集中于“施教向度”，重点在教育者、教育内容、教育方法上下功夫，而忽视从“受教向度”研究把握受教育者接受的心理规律。这实质上就等于割裂了施教与受教的有机联系，把理想信念形成看作由教育活动单方面完成的任务，从而使理想信念教育成为只有“教”没有“学”、只有传输没有接受的单向性活动。破解这一问题，需要在深化教育规律研究的基础上，更加注重对理想信念形成的心理规律的把握。恩格斯早就说过：“我们不知道有任何一种力量能够强制处在健康清醒状态的每一个人接受某种思想。”① 对理想信念教育而言，如果不能准确把握理想信念形成的心理过程和规律，不能有效破除理想信念形成过程的诸多心理障碍，再完美的教育设计也无法使心理上处在“健康清醒状态”的个人树立和坚定相应的理想信念。

在这一意义上，把握理想信念形成的心理规律，就要推动共产党人自觉修身立德。正所谓“修身齐家治国平天下”，“修身立德”始终是排在第一位

① 马克思，恩格斯．马克思恩格斯选集：第3卷．3版．北京：人民出版社，2012：463.

的，在共产党人坚定理想信念的过程中，要使其自觉将高尚的道德情操作为坚定理想信念的思想保障，守住道德底线、价值底线、人性底线就是守住了理想信念的屏障。“做人做事第一位的是崇德修身”①。作为中华民族的先锋队，共产党人更要尤为注重培育自身的道德修养。加强道德修养既是共产党的本质属性所决定的，也是实现共产主义事业的需要。高尚的道德情操是共产党人的立身之本，更是共产党人保持先进性和纯洁性的精神武器。共产党人只有拥有高尚的道德情操，才能真正地做到全心全意为人民，才能真正地坚持一切从群众中来、到群众中去，才能真正投入到中国特色社会主义建设的伟大事业中来。坚持修身立德，是保障共产党人的先进性、纯洁性的重要途径，是对共产党人的本质要求，更是共产党人坚定理想信念的思想基础和实践理路。修身立德在本质上是对精神世界的塑造，对于共产党人而言，实现正心修身，需要修炼好共产党人的“心学”。2017 年 1 月 6 日，习近平总书记在中国共产党第十八届中央纪律检查委员会第七次全体会议上提出：“修身立德是为政之基，从不敢、不能到不想，要靠铸牢理想信念这个共产党人的魂。”新时代修好共产党人的心学，在于教育和引导共产党人坚定对马克思主义的信仰，以坚定的马克思主义立场、观点和方法作为自己的世界观和方法论。

三、充分发挥教育引导的现实作用

共产党人的理想信念不是凭空产生的，坚定理想信念更是一个循序渐进的过程，受到主观因素、客观因素等多重因素的作用和影响，既需要一定的道德修养作为内在的思想保障，又要充分运用外在的教育手段进行引导和规范，从而达到内外兼修、协调发展，实现理想信念从自发到自为、从感性到理性的嬗变。

教育引导是共产党人坚定理想信念的重要保障。共产党人坚定理想信念不只要以道德修养作为内部保证，更需要一定的外在手段对其进行规范和引

① 中共中央文献研究室．习近平关于社会主义文化建设论述摘编．北京：中央文献出版社，2017：142.

导，才能真正确保共产党人在多样复杂的外部环境挑战与冲击中坚定对马克思主义的信仰以及对社会主义、共产主义的信念。其中教育引导作为一种能够普遍推行，且在中国共产党理想信念教育历史上形成一定成果的实践方式，是传播共产主义理想、开展马克思主义理论教育的重要途径，是推动共产党人坚定理想信念的重要保障。理想信念教育是一种促进个体价值观形成，启迪精神世界建构，以实现个体人生价值的实践活动。在教育引导的过程中针对共产党人的个体情况，不断完善和丰富理想信念教育内容，借由思想政治教育、价值观教育、道德教育等具体方式，推动共产党人的理想信念在教育的规范与引领下有序发展，“应该在正确把握共产主义科学内涵的基础上，认识到共产主义是人类实践的伟大运动，必须坚持开展共产主义理想信念教育”①。整体而言，新形势下的理想信念教育应主要体现三个方面的特点。

一是教育过程的目的性。“教育过程的人的发展是一种人的有目的的参与、干预下所发生的运动过程，由这一过程所产生的结果也是人的有目的的活动的创造物。”② 理想信念教育的根本目的就是使共产党人树立并坚定理想信念。因此，理想信念教育的过程，就是对共产党人既有价值观念以及应该形成何种价值观念进行干预的实践过程，是在尊重个体价值观念生成的基础上，建构理想信念教育与共产党人个体发展的有机统合，同时加深共产党人对马克思主义、共产主义的理解，深刻领悟中国特色社会主义的本质特征和根本优势，成为社会主义事业的坚定建设者。

二是教育内容的权威性。理想信念教育之所以能够影响人、引导人，根本上是因为教育内容本身具有相当的权威性与公信力。在改革开放之前，由于国家全面掌握信息与媒介，人们都是从国家可控范围内的媒介中掌握信息、了解信息的，理想信念教育的权威性因而是毋庸置疑的。但改革开放之后，随着互联网的发展，人们掌握信息的方式日趋多元多样，这就使得理想信念教育需要在多样的内容中彰显其权威性，使人们“愿意相信”，也“能够相信”理想信念的具体教育内容。这种权威性既体现在理论本身的彻底性上，

① 颜吾佴. 坚持开展共产主义理想信念教育. 思想理论教育导刊，2016（4）：47-52.

② 鲁洁. 教育：人之自我建构的实践活动. 教育研究，1998（9）：3-5.

也体现在对于信息全面掌握之后所进行的有依据的、可靠的、全方位的教育实践中，从而使共产党人能够对理想信念进行全面理解，并能够在不同价值观念的鉴别过程中坚定理想信念的科学性与先进性。

三是教育方法的多样性。新形势下开展理想信念教育引导实践，既要掌握传统教育手段，如教学教育、讲座宣传等，也要充分运用新形势下的多样平台，如视频软件等；既要推动理想信念教育引导在多种方法载体运用上“多点开花”，也要注重增强教育方法之于共产党人的适切性与结合度，使理想信念教育能够在多样方式并行的前提下增强实践的有效性。

第三节　共产党人坚定理想信念的时代课题

习近平总书记明确提出：“在新的时代条件下，我们要进行伟大斗争、建设伟大工程、推进伟大事业、实现伟大梦想。”[①]“四个伟大”的基本判断，既是对我国改革开放和社会主义现代化建设实践经验的根本总结，更是制定中国特色社会主义发展新阶段行动纲领的基本遵循[②]。立足中国特色社会主义进入新时代的历史方位，社会主要矛盾变化、当代中国社会结构转型深刻要求共产党人不仅要将自身的发展放置于我国发展的时代语境下，更要放置于中国特色社会主义事业建设的历史进程中，在共时态现实与历时态发展的交织影响下，在“四个伟大”的时代课题中，保持政治定力，坚守精神追求。

一、进行伟大斗争需要共产党人坚定理想信念

习近平总书记在十九大报告中明确指出：“社会是在矛盾运动中前进的，有矛盾就会有斗争。我们党要团结带领人民有效应对重大挑战、抵御重大风险、克服重大阻力、解决重大矛盾，必须进行具有许多新的历史特点的伟大

① 中共中央党史和文献研究院，中央“不忘初心、牢记使命”主题教育领导小组办公室．习近平关于“不忘初心、牢记使命”论述摘编．北京：中央文献出版社，2019：46.

② 韩庆祥．“四个伟大”意义重大．学习时报，2017-09-25.

斗争，任何贪图享受、消极懈怠、回避矛盾的思想和行为都是错误的。”[①] 在中国特色社会主义进入新时代的现实语境下，如何理解伟大斗争，如何理解理想信念在伟大斗争中的重要意义，是打牢共产党人坚定理想信念的合理性基础的坚定基石。

对于处于新形势下的中国而言，“伟大斗争”是一个特殊的概念，其符合中国当下所处的特殊语境，是对当前国际国内形势的精准概括。但“伟大斗争”一词却不是中国共产党的“独创产物”。“伟大斗争”最早出现于马克思在 1839 年所撰写的《关于伊壁鸠鲁哲学的笔记（笔记五）》中，马克思提出：“如果这个时代以伟大斗争为标志，那它是幸运的；如果这个时代象艺术史上跟在伟大的时代之后跛行的那些世纪那样，那它是可悲的，因为这些世纪只会从事仿造”[②]。马克思对于“伟大斗争”的时代进行了强烈的赞美，尽管这一时期的马克思尚未从工人阶级的意义出发去审视伟大斗争，但其仍然将伟大斗争视为一种积极的斗争态度。在《法兰西内战》中，马克思就真正站在了无产阶级的立场上，歌颂了巴黎公社的伟大意义，指出工人的革命行为即使偶尔伴随着破坏文物的现象，却也是“正在诞生的新社会与正在崩溃的旧社会之间所进行的伟大斗争中不可避免和较为次要的伴生现象”[③]。“伟大斗争”的重要使命就是真正击溃正在崩溃的旧社会，推动新社会诞生的过程。而在马克思主义中国化的历史进程中，“伟大斗争”“体现为中国共产党所领导的中国无产阶级和劳动人民的解放”[④]。毛泽东曾指出：“处在伟大斗争面前的中国共产党，要求整个党的领导机关，全党的党员和干部，高度地发挥其积极性，才能取得胜利。”[⑤] 可以说，在中国发展的任何一个阶段，中国共产党都始终处于伟大斗争的“前线”，进行伟大斗争，就要发挥中国共产党的积极性；发挥中国共产党积极性的基本前提就是中国共产党必须形成孙正聿先

---

① 习近平．决胜全面建成小康社会 夺取新时代中国特色社会主义伟大胜利：在中国共产党第十九次全国代表大会上的报告．北京：人民出版社，2017：15.

② 马克思，恩格斯．马克思恩格斯全集：第 40 卷．北京：人民出版社，1982：137.

③ 马克思，恩格斯．马克思恩格斯文集：第 3 卷．北京：人民出版社，2009：177.

④ 郭咔咔．“伟大斗争”的理论演进与时代意蕴．思想教育研究，2020（2）：32-37.

⑤ 毛泽东．毛泽东选集：第 2 卷．2 版．北京：人民出版社，1991：528.

生所说的“远大的理想”和“坚定的信念”，从而建设中国共产党这一群体的共有精神家园。

就当今时代的发展背景而言，正如马克思、恩格斯在《共产党宣言》中明确提出的“我们的时代，资产阶级时代”[①]，表明了在马克思、恩格斯的年代，人类就已经进入了资产阶级时代，也就是资本主义社会形态占据主导地位的历史时代背景。中国特色社会主义进入新时代，尽管资产阶级社会发生了巨大变化，但马克思对时代的判断却没有过时。正如习近平总书记所指出的：“尽管我们所处的时代同马克思所处的时代相比发生了巨大而深刻的变化，但从世界社会主义500年的大视野来看，我们依然处在马克思主义所指明的历史时代。”[②] 在这一时代，进行伟大斗争的环境日趋复杂，斗争也显得愈发激烈，在新形势下，资本主义社会呈现出许多新的阶段性特征，社会主义运动也产生了新的变化，进入了两种制度在斗争中长期并存的新格局[③]。在这一意义上，我们当今所处的时代仍是一个在资本主义社会形态占据统治地位的历史时代背景中的时代。在世界发展的时代语境下，中国特色社会主义历经奠基、推进与发展，已经进入了一个全面发展的新时代。这一时代的社会主要矛盾发生深刻变化，社会结构深刻转型，信息化、网络化对人的生存方式与思维方式的影响日趋深刻，意识形态领域与国家安全领域的斗争日趋严峻复杂。而从党自身的发展来看，新时代对党的建设水平、领导能力以及执政本领等都提出了更高的要求，“四大考验”“四大风险”的挑战始终长期存在。如果中国共产党不能在这一时代语境下保持政治定力、提高政治坚守，坚定自身对于社会主义与共产主义的崇高信念与信仰，就难以真正担当其在新时代的历史使命。

在当前语境下，斗争的对象不同，斗争的方式也不尽相同。针对历史遗留问题的斗争方式是攻坚克难，针对面向风险挑战、矛盾难题的斗争方式是

① 马克思，恩格斯. 马克思恩格斯选集：第1卷. 3版. 北京：人民出版社，2012：401.

② 习近平. 习近平谈治国理政：第2卷. 北京：外文出版社，2017：66.

③ 金民卿. “两个时代”叠加交织的特殊历史情境与新的伟大斗争. 红旗文稿，2019（5）：4-8.

一种精神斗志，针对“四种危险”的斗争方式是自我革命[①]。进行伟大斗争的前提就是要夯实斗争根基，提高斗争本领。前者是进行伟大斗争的基础，决定了伟大斗争何以开展的问题；后者是进行伟大斗争的核心依托，决定了伟大斗争能否进行、如何进行的问题。而这两者在根本上则指向了中国共产党人的价值观念与思想基础，即中国共产党人能否坚定马克思主义的立场、观点、方法，能否在复杂的国际国内形势中站稳阵脚，能否提升敢于斗争、善于斗争的看家本领。习近平总书记明确指出：“共产党人的斗争是有方向、有立场、有原则的，大方向就是坚持中国共产党领导和我国社会主义制度不动摇。”[②] 新时代中国所进行的伟大斗争是长期的、复杂的，在“船到中流浪更急，人到半山路更陡”的关键时刻，共产党人必须要坚定并坚守对马克思主义的信仰、对社会主义和共产主义的信念，在复杂的执政环境下真正掌握马克思主义立场、观点、方法，练就高效应对与化解各类风险挑战的能力。

二、建设伟大工程需要共产党人坚定理想信念

习近平总书记指出：“在统揽伟大斗争、伟大工程、伟大事业、伟大梦想中，起决定性作用的是新时代党的建设新的伟大工程。”[③] 党的建设伟大工程最早由毛泽东提出，自这一概念提出以来，中国共产党人便持之以恒，不断加强自身建设、不断进行自我革命，已经成为共产党人在革命、建设、改革进程中取得胜利的重要法宝之一。在时代的发展进程中，共产党人面临的现实问题与突出矛盾不断发生着新的变化，对于伟大工程建设的诉求也更加迫切，这就要求“我们党要始终成为时代先锋、民族脊梁，始终成为马克思主义执政党，自身必须始终过硬”[④]。“自身过硬”的前提就是共产党人要形成坚定的信念与信仰，要在纷繁复杂的意识形态领域斗争中坚定自身理想信念，

① 韩庆祥. 全面准确深入理解伟大斗争. 学习时报，2019-10-14.

② 习近平在中央党校（国家行政学院）中青年干部培训班开班式上发表重要讲话强调：发扬斗争精神增强斗争本领 为实现“两个一百年”奋斗目标而顽强奋斗. 人民日报，2019-09-04（1）.

③ 习近平. 习近平谈治国理政：第3卷. 北京：外文出版社，2020：71.

④ 习近平. 决胜全面建成小康社会 夺取新时代中国特色社会主义伟大胜利：在中国共产党第十九次全国代表大会上的报告. 北京：人民出版社，2017：16.

形成对马克思主义的坚定信仰以及对社会主义和共产主义的坚定信念。

早在中国革命胜利之时，中国共产党就曾向党员干部提出过三点要求："一是时刻不能脱离人民群众、自觉接受人民监督，二是永远不能骄傲自满、始终艰苦奋斗，三是时刻防范糖衣炮弹、永葆政治本色。"[①] 这三点要求分别对中国共产党的人民属性、奋斗特质与政治本色进行了明确规定，归根结底就是中国共产党人能否形成一种最高价值，能否在最高价值的引领下统摄精神生活建设，并将其作为一种矢志不渝、自觉追求的精神状态，进而建构兼具民族性和先进性的共产党人共同的精神家园。建设伟大工程的新时代也是一个"最好的时代"与"最坏的时代"交织构成的时代。在这一语境下，坚定理想信念具有深刻的现实复杂性，这种复杂性既包括国家发展环境的复杂性，也包括共产党人生活场景的复杂性。在这种多样复杂的现实语境与发展环境中，共产党人坚定理想信念对于建设伟大工程的作用也显得尤为重要。

从国家发展的宏观视野而言，一方面，以市场化为主的经济转型在很大程度上改变了人的生存方式、生活方式与发展方式。经济市场化事实上"必然带来利益主体、社会阶层和思想文化的分化和多元化，再加上长期以来我们以经济建设为中心，有意无意地淡化甚至忽视精神文明和意识形态领域的建设"[②]，导致人在这一过程中极易受到功利主义、拜金主义思想的影响。加之市场化的经济转型适逢全球化与网络化浪潮的冲击，市场化、全球化、网络化三股力量的结合使得共产党人的思想价值发生深刻转变，容易出现"从自身利益最大化出发，无视人的社会性和集体性存在方式，集体的意识被个人的物欲所取代，集体不是个人赖以存在的场域，而是个人追求利益最大化过程中所指涉的对象"[③]。另一方面，新自由主义、后现代主义、历史虚无主义等错误思潮，也使得一小部分共产党人的思想价值观念受到腐蚀。如果没有坚定的理想信念进行精神引领，就难以塑造自身抵御风险挑战的能力。

---

① 习近平．推进党的建设新的伟大工程要一以贯之．求是，2019（19）：4-15.

② 陈先达．坚持马克思主义在意识形态领域指导地位研究．北京：经济科学出版社，2015：141.

③ 刁龙．为马克思的集体主义辩护：兼论集体主义在市场经济中的困境及对策．求实，2015（10）：34-42.

从共产党人生活与发展的微观场景来看，时代的迅速发展特别是信息技术的深刻变革，使得人的生活场域也发生着深刻变革。对于处在当今时代的社会成员而言，生活场景是多样的、变化的，更是不断转换的，对个体而言，既涉及繁杂工作与现实生活之间的场景转换，也涉及自身所承担的不同角色之间的转换，信息技术的变革以及人们生活节奏的加快使得人们在不知不觉中加速了场景与角色转换，从而使得焦虑与恐慌深植于内心深处。而信息技术带来的另一个问题就是，人们的生活逐渐趋向碎片化。140 字的微博文字、不到 1 分钟的短视频以及来源多样、可信度不确定的信息推送使人对于体系化、规律性的现代生活展开了新的思考，原本有序化运作、整体性运行的人的日常生活被逐渐撕裂。生活的碎片化使得人的心理也逐渐呈现出碎片化态势。对于共产党人而言，在原有信息传播模式下的“一整块钢铁”式的心理品质在信息技术的撕扯下逐渐变得碎片化，这种碎片化的心理品质自然是不牢固、极容易被撼动的。加之“造星时代”的真正来临，使得人们产生了一种从众心理。《超级女声》《快乐男声》《创造 101》《偶像练习生》《青春有你》等一系列“造星节目”的播出使“全民制作人”这一概念逐渐兴起。这一概念意味着在这个偶像频出的时代，每个人都有选择权，似乎“偶像”真的是被选择的，这给了生活在快节奏、重压力的现实世界中的社会成员一丝精神依托与慰藉。这种快餐式、休闲式的生活既消解着个体价值与信念的崇高性与超脱性，同时也使人产生了一种从众心理，作为人的独立意识逐渐被消解。

现实语境对共产党人心理品质的冲击使得坚定理想信念在推进党的自我革命、加强党的建设过程中尤为重要。其重要价值既在于引领共产党人的精神家园建设，使之能够以一种价值观念引领不断被冲击的心理品质，不至于在现实的语境下偏离共产党人本身的生活意义与价值意义的建构；也在于在全党范围内形成良好的政治生态，使全体党员在复杂的语境下能够经得起各种风浪考验。正如习近平总书记在学习贯彻习近平新时代中国特色社会主义思想和党的十九大精神研讨班开班式上的重要讲话中所强调的：“历史和现实都告诫我们：全党理想信念坚定，党就拥有无比强大力量；全党理想信念淡薄，党就会成为乌合之众，风一吹就散。”①

三、推进伟大事业需要共产党人坚定理想信念

“中国特色社会主义是改革开放以来党的全部理论和实践的主题，是党和人民历尽千辛万苦、付出巨大代价取得的根本成就。”② 推进中国特色社会主义建设的伟大事业，首先要着眼思想教育，以思想为先导，使广大中国共产党员在思想上接受洗礼，坚定对马克思主义的信仰、对社会主义与共产主义的信念，以习近平新时代中国特色社会主义思想武装头脑、增长本领，增强共产党人在复杂意识形态领域的革命性与战斗力，建构共产党人的思想武装库和精神家园，从而汇聚起推进新时代中国特色社会主义伟大事业的强大力量。

纵观中国特色社会主义事业建设的伟大历程，中国共产党人始终依靠的，就是理想信念的坚定支撑。“理想信念作为一种特殊的人类精神，主宰人的心灵世界，制约人的价值取向和行为选择，它是人们世界观、人生观和价值观的集中体现。”③ 个体的理想信念，会影响个体的世界观、人生观与价值观的形成。中国共产党是一个在马克思主义理论和共产主义远大理想武装下形成的政党，在其发展与建设的过程中，始终以坚定的理想信念为引导，带领中国人民取得革命与建设的伟大胜利。正是由于理想信念的感召，中国共产党人才形成了“赤旗的胜利”“砍头不要紧，只要主义真”等一系列坚定的价值理念，产生了对社会主义建设与共产主义建设的情感倾向与坚定意志。正如毛泽东在《论联合政府》中所说的：“每个共产党员入党的时候，心目中就悬着为现在的新民主主义革命而奋斗和为将来的社会主义和共产主义而奋斗这样两个明确的目标。”④ 这一论断在最核心的意义上明确了共产党人入党的基本目标，事实上明确了如何才能成为一个“自觉的和忠诚的共产主义者”，这

① 习近平．推进党的建设新的伟大工程要一以贯之．求是，2019（19）：4-15.

② 习近平．决胜全面建成小康社会 夺取新时代中国特色社会主义伟大胜利：在中国共产党第十九次全国代表大会上的报告．北京：人民出版社，2017：16.

③ 吴潜涛．正确理解理想信念的科学含义．教学与研究，2011（4）：5-9.

④ 毛泽东．毛泽东选集：第3卷．2版．北京：人民出版社，1991：1059.

一基本目标也是在抗日战争胜利后确立成立新中国的目标的前提下对共产党人的具体要求。解放战争时期，毛泽东更是用“两个务必”的明确要求规定了党员干部的基本作风。事实上，在新民主主义革命时期中国共产党始终重视理想信念问题，“强化了思想建党与理论建党逻辑，这也是面对强大敌人和残酷斗争时革命依然能取得胜利的重要经验”[①]。而新中国成立后，中国共产党将理想信念建设和社会主义建设进行充分结合，特别是改革开放之后，我们党开辟了中国特色社会主义的崭新道路，在共产党人中加强并巩固了马克思主义信仰，坚定了中国特色社会主义信念。党的十八大以来，以习近平同志为核心的党中央聚焦“坚持和发展什么样的中国特色社会主义、怎样坚持和发展中国特色社会主义”这一重大问题，“创立了习近平新时代中国特色社会主义思想，解决了许多长期想解决而没有解决的难题，办成了许多过去想办而没有办成的大事，中国特色社会主义道路、理论、制度、文化焕发了新的生机和活力，马克思主义真理的光芒更加璀璨迷人，中国特色社会主义的美好前景更加令人向往，马克思主义信仰和中国特色社会主义信念得到进一步巩固增强”[②]。

聚焦新形势下的发展现实，中国特色社会主义建设的伟大事业在当今的时代语境下更面临着思想、文化与经济等多个领域的挑战，这些挑战使得新形势下伟大斗争的建设存在着一定程度的发展危机，更加凸显了理想信念在伟大事业推进中的重要作用。

思想领域中的利益诉求差异化凸显了共通性精神家园建设的意义。精神家园之于人，具有本体论的意义。“失去了精神家园，人的存在便丧失了意义的归属，陷入‘无家可归’的‘生命不堪承受之轻’的忧烦与焦虑。”[③] 可以说，精神家园的重要指向就在于人表达自我精神追求的核心价值理念。中国共产党作为集体概念而非个体化概念，能够在伟大事业建设过程中发挥作用

① 田旭明. 新时代共产党人坚守理想信念的理论认知与实践要求：基于新中国70年历程的思考. 探索，2019（5）：25-33.

② 中央党校（国家行政学院）习近平新时代中国特色社会主义思想研究中心. 坚定信仰信念 推进伟大事业. 光明日报，2019-08-05.

③ 庞立生，王艳华. 精神生活的物化与精神家园的当代建构. 现代哲学，2009（3）：8-11.

的重要意义不在于某一个人，而是共产党人能否建构共有的精神家园、建构共产党人之间可以共通的精神世界。然而在当今时代，受多样社会思潮的影响，加之人获取信息的方式日趋多元，换言之，人在当今信息时代的现实境遇中具有对于信息本身的充分自主权，从而真正激发了人的差异化利益诉求。对于共产党人而言，利益诉求的差异化发展虽并不似丧失信念一般可怕，但差异化的利益诉求如果不能在社会主义核心价值观的引领下进行整合，共产党人就无法发挥合力效应，更无法推动新形势下伟大事业的建设。

文化领域的异质思想文化渗透凸显了共产党人坚定理想信念的意义。就文化的生成而言，各个民族都有自己的文化，一种文化是由一个民族所固有的，是由其生存条件所决定的，在这一意义上，各个民族的文化发展和特点本就应该存在着差异性。而进入 21 世纪以来，西方国家将自己的文化视作“文明典范”与“文明中心”，凭借其对于先进技术手段的掌握，向全世界推广“西方大片”、奢侈品等文化产品，以消费主义为陷阱宣扬西方文化，企图以西方文化塑造中国、塑造世界。正如《共产党宣言》中指出的，“资产阶级，由于一切生产工具的迅速改进，由于交通的极其便利，把一切民族甚至最野蛮的民族都卷到文明中来了。它的商品的低廉价格，是它用来摧毁一切万里长城、征服野蛮人最顽强的仇外心理的重炮。它迫使一切民族——如果它们不想灭亡的话——采用资产阶级的生产方式；它迫使它们在自己那里推行所谓的文明，即变成资产者。一句话，它按照自己的面貌为自己创造出一个世界。”[①] 马克思在一百多年前的判断在当今时代依然适用，资产阶级仍然在以这种方式向中国输出其文化产品与价值观念，而这种强势输出的文化观念极易使一些理想信念、价值观念不够坚定的共产党人在这一过程中发生动摇。在西方文化的巨大冲击下，一些共产党人开始质疑马克思主义的先进性与科学性，质疑坚持社会主义发展道路的正确性，甚至开始质疑中国的革命与建设历程。思想文化的多样性使得伟大事业是否能够推进、如何推进，成为关乎国家发展的重大问题。这就要求共产党人需要在复杂语境中抵御异质

① 马克思，恩格斯. 马克思恩格斯选集：第 1 卷. 3 版. 北京：人民出版社，2012：404.

文化渗透，坚守理想信念的价值引领。

经济领域的市场经济趋利性凸显了具有超越性的理想信念的意义。马克思对唯心主义的批判是在生产与再生产活动中对历史发展进行探讨的，得出了经济基础决定上层建筑的基本判断。因此，审视思想观念的发展与变革的前提是着眼生产方式的变革。随着社会主义市场经济的深入发展，在经济社会面貌发生变化的同时，党员群体的思想观念与价值理念也日益受到某些市场经济因素的冲击与影响。一方面，市场经济发展使得个体主义倾向不断滋生；另一方面，市场经济也在推行的过程中衍生出了拜金主义、享乐主义等消极思想与生活方式。这两方面思潮的产生在根本上是市场经济的趋利性所引发的思想变化。在市场经济趋利性的影响与冲击下，理想信念就会沦为一种世俗的、惯常的价值观念，丧失了理想信念本身的崇高性与超越性意味，而崇高性一旦丧失，伟大事业建设也会难以推进。

四、实现伟大梦想需要共产党人坚定理想信念

习近平总书记在第十三届全国人民代表大会第一次会议上指出：“中国人民是具有伟大梦想精神的人民”，“只要13亿多中国人民始终发扬这种伟大梦想精神，我们就一定能够实现中华民族伟大复兴！”① 而共产党人担负着领导人民进行伟大社会革命的历史重任，其能否坚定理想信念决定了共产党人能否自觉凝结精神共识，能否为中国人民实现伟大梦想注入强大精神动力，真正发挥共产党人的先进带头作用。因此，实现伟大梦想，就要推动共产党人不断坚定理想信念，激励广大人民坚持不懈地追求梦想，并将自身的理想信念转化为中华民族的精神支撑，从而推动中华民族伟大复兴的实现。

中华民族的伟大梦想既是中华民族砥砺前进的有力支撑，更是激励中华民族未来发展的强大动力。习近平总书记明确指出：“我们坚持以科学理论引领全党理想信念，建立不忘初心、牢记使命的制度，持之以恒用新时代中国

① 习近平．在第十三届全国人民代表大会第一次会议上的讲话．求是，2020（10）：4-11.

特色社会主义思想武装全党、教育人民、指导工作，推进学习教育制度化常态化，不断坚定同心共筑中国梦的理想信念。”① 凝聚了数代中国人梦想的“中国梦”体现了中华民族的整体利益，是每一个中国人的共同期盼。而坚定的理想信念则是中国梦实现的价值核心，引领共产党人带领中国人民取得了一个又一个伟大胜利。历史和现实反复证明，“只要我们党把自身建设好、建设强，确保党始终同人民想在一起、干在一起，就一定能够引领承载着中国人民伟大梦想的航船破浪前进”②。在中国共产党领导中国人民所进行的百余年革命、建设与改革的进程中，中国共产党始终与中国人民站在一起，以中国共产党对中国革命的坚定信心，对建设新中国、推进中国特色社会主义事业的向往与坚守，带领中国人民百折不挠、坚忍不拔，回答时代之问、人民之问，“以同敌人血战到底的气概、在自力更生的基础上光复旧物的决心，自立于世界民族之林”③。可以说，中国共产党人作为伟大梦想实现的引领者和践行者，决定了中华民族伟大复兴中国梦的实现以及具体实现程度的根本性问题。

纵观中国共产党领导中华民族实现伟大梦想的实践过程，不难看出，远大理想与共同理想始终贯穿于中国共产党的现实实践中，这种理想本身既具有特质上的科学性，是对于社会发展阶段的规律性把握，也具有周期上的长期性，其贯穿于共产党人革命、建设、改革的全部实践过程，这就内在规定着共产党人坚定理想信念也必然经历一个复杂而漫长的精神历程。这一精神历程在现实的发展历程中形成了两对鲜明的矛盾：一是马克思主义理论学习的抽象性与读图时代的形象化思维之间的矛盾。习近平总书记指出：“领导干部特别是高级干部要把系统掌握马克思主义基本理论作为看家本领，老老实实、原原本本学习马克思列宁主义、毛泽东思想特别是邓小平理论、‘三个代表’重要思想、科学发展观。”④ 马克思主义基本理论的掌握绝不会是共产党

---

① 习近平在中共十九届中央纪委四次全会上发表重要讲话强调：一以贯之全面从严治党，强化对权力运行的制约和监督．人民日报，2020-01-14（1）．

② 习近平．决胜全面建成小康社会 夺取新时代中国特色社会主义伟大胜利：在中国共产党第十九次全国代表大会上的报告．北京：人民出版社，2017：69．

③ 孙来斌．中国人民是具有伟大梦想精神的人民．求是，2018（9）：55-56．

④ 习近平．习近平谈治国理政：第1卷．北京：外文出版社，2018：153-154．

人自发生成的，而是共产党在自觉或不自觉的学习过程中形成并逐渐坚定的。但对于一些共产党人而言，马克思主义理论仍然是一种经院楼阁，对共产党人特别是青年共产党人而言，马克思主义理论似乎是遥远的、抽象的。特别是随着读图时代、视频时代的到来，整个人类社会似乎都已经形成了一种形象化、图片化思维。换言之，人们已经不再是简单依靠语言、文字来实现对社会的认识，而是依靠一种可视化甚至可感化的方式认识社会、改造社会。因此，如何将马克思主义理论转化成共产党人能够普遍接受的普及化成果，使理论学习不再是“走过场”的形式主义，使广大党员感受到马克思主义理论的可用性、有用性，推进马克思主义理论的时代化、大众化，是当前亟待解决的问题。二是坚定理想信念的深刻性、长期性与信息时代知识传播的表层化、即时性之间的矛盾。在中国共产党革命建设的历程中，理想信念始终是确保共产党人能够带领中国人民实现中华民族伟大梦想的价值引领。对于共产党人个体而言，坚定理想信念的过程经历情感认知、知识武装与信仰确立等多个环节，既具有价值理念上的深刻性，又具有精神历程发展的长期性。而信息时代的到来又意味着知识传播在方式上逐渐趋向于表层化，在时效上趋向于即时性，这事实上在改变信息传播方式的同时改变了人类群体的思维方式与生活方式。自我的思维方式与生活方式从既有的惯常性思维转化为即时性、瞬时性思维，使得共产党人在复杂的社会现实中难以进行深入有效的思考，削弱了理想信念本身的深刻性与长期性。在这一意义上，共产党人坚定理想信念，既是深入推动马克思主义理论时代化、大众化的需要，更是引领中国人民在纷繁复杂的形势下选择科学指导思想与正确前进方向，从而推动中华民族实现伟大梦想的基本前提。

第三章

新形势下共产党人坚定理想信念的典型个案分析

新形势下共产党人坚定理想信念，归根结底是一项植根于共产党人生命活动和心理基础之中的“实践问题”。实践问题只有通过实践方式才能真正得到阐释与解决。基于此，本章遵循“从实践到认识再到实践”的马克思主义认识论原则，通过深度访谈、生活史研究、个案分析等方法，深入挖掘共产党人先进典型的成长轨迹与生活实践，深层剖析个体精神与共产党人主客观世界之间的联系，从精神品质、教育因素、精神历程、身份认同等多个维度诠释共产党人坚定理想信念在长期历史实践中形成的共性特点，从而揭示新形势下共产党人坚定理想信念的内在规律。

第一节　共产党人坚定理想信念典型个案的选取分析

基于理想信念基本内涵与共产党人坚定理想信念本质意涵的理论阐释，在进行典型个案分析前，笔者首先提出了四点研究预设，力图在个案分析中予以证实。一是，坚定理想信念是植根于共产党人生命活动和心理基础之中的“实践问题”，其内在规律历史地凝结在共产党人先进典型的生活实践之中，现实地表现为当代中国理想信念新内涵、党中央治国理政新要求和经济社会环境新变化，深层地蕴含在共产党人主客观世界相互关联、个体精神生活持续优化的内在机理之中。二是，共产党人坚定理想信念是主客观世界同步改造的长期过程。这一过程根植于个体生活的历史和经验之中，表现为个体理想信念从无到有、从弱到强、从自发到自觉的精神历程。三是，共产党人坚定理想信念伴随着个人与集体、家庭与社会、历史与现实等多种影响因素的共同作用，尤其受到教育因素的显著影响。四是，共产党人坚定理想信念最终会沉淀为深层规制个体思想行为稳定性的心理品质。

一、研究对象

2013 年 1 月，习近平总书记在讲话中用“四个能否”为党员干部坚定理想信念确立了基本标准，他指出：“今天，衡量一名共产党员、一名领导干部是否具有共产主义远大理想，是有客观标准的，那就要看他能否坚持全心全意为人民服务的根本宗旨，能否吃苦在前、享受在后，能否勤奋工作、廉洁奉公，能否为理想而奋不顾身去拼搏、去奋斗、去献出自己的全部精力乃至生命。一切迷惘迟疑的观点，一切及时行乐的思想，一切贪图私利的行为，一切无所作为的作风，都是与此格格不入的。”① 2013 年 6 月，习近平总书记又将这“四个能否”丰富完善为“六个是否”，即“是否能在重大政治考验面前有政治定力，是否能树立牢固的宗旨意识，是否能对工作极端负责，是否能做到吃苦在前、享受在后，是否能在急难险重任务面前勇挑重担，是否能经得起权力、金钱、美色的诱惑”②。习近平总书记提出的这些标准，成为学界对于共产党人坚定理想信念问题的判断标准，同时也构成了本章选取研究对象的根本依据。

总体而言，共产党人坚定理想信念应从政治、思想、行动、生活四个方面加以现实考察，即：政治上，有同党中央高度一致的政治原则和政治立场；思想上，有崇高的思想觉悟以及高度的政治热情；行动上，对党的服务宗旨身体力行，勤政为民；生活上，能够长期做到勤奋工作，吃苦在前，享乐在后。依据以上四个方面的标准，笔者从大量的优秀共产党员案例中筛选出了一定规模的样本库作为研究对象的主要来源。

基于对研究对象的厘清，笔者采取的是“目的性抽样”方法，也就是依据研究的目的，选取与研究问题最直接相关、能够提供最大信息量的典型案例。在选取研究对象时按照“历史性与当代性相结合”“广泛性与代表性相结合”的原则，尽量涵盖不同阶层、不同群体，使研究对象具有充分的代表性和丰富的层次性，充分参考国家权威奖项名衔授予名单、权威媒体的先进事迹报道等素材，选取了部分英雄式、精英式的典型人物；同时也选取了基层党员中的先进典型和新时代优秀青年党员代表。由于质性研究追求“小而精”的方法特质，课题组选取的研究对象呈现类别多、人数少的特点。

经过前期大量实地调研与文本资料收集，确定研究对象 11 人，具体分为

① 中共中央文献研究室．十八大以来重要文献选编：上．北京：中央文献出版社，2014：116.
② 同①340.

以下三个类别：类别一为新中国成立以来涌现的先进典型，选取焦裕禄、王伯祥与张富清为典型代表，样本分别标记为A、B、C。类别二为基层党员先进典型，选取了“全国劳动模范”“全国民族团结进步模范个人”等优秀基层党员干部为典型代表，样本标记为D、E、F、G、H。类别三为新时代优秀青年党员代表，选取了“全国最美大学生”“中国大学生自强之星”为典型代表，样本标记为I、J、K。

二、研究方法

为了探寻中国共产党人在坚定理想信念过程中所拥有的共性的、典型的特质，笔者在研究过程中综合运用了深度访谈、田野观察、实物资料收集等方法，充分整合各类渠道和资源，以保证所收集的资料的完整性、饱和性、有效性和可信性，利用多维视角深入呈现研究问题，厘清研究内容，实现研究目标。具体研究方法如图3-1所示：

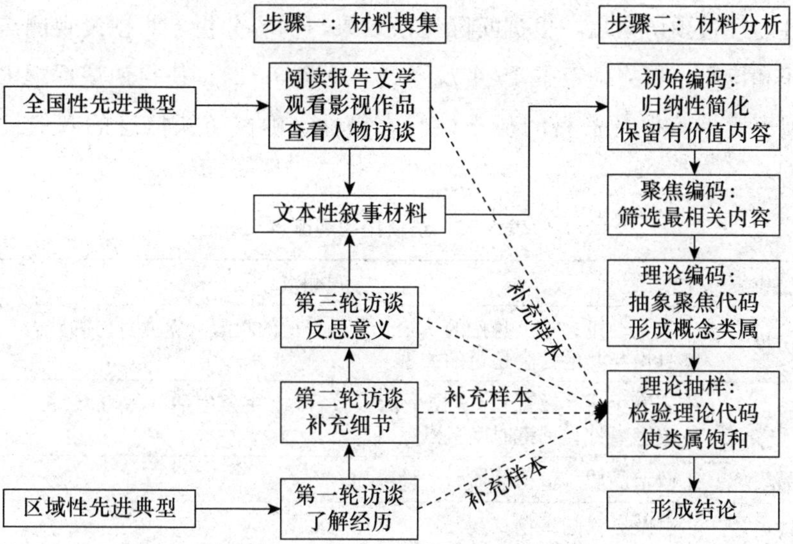

图3-1　研究方法示意图

（一）半结构化访谈

基于前期文献研究基础与规律把握，初步拟定将“精神历程”“影响因素”“心理品质”“其他”四个方面作为深入探索中国共产党人坚定理想信念研究的核心之维，并据此设计访谈提纲。访谈提纲共设计 8 个问题，隐性设置了 14 个访谈预设观测点（见表 3－1），在如实记录访谈内容的同时，最大限度地汲取和挖掘更多有效信息。

表 3－1　访谈预设观测点

考察维度	观测点
精神历程	身份的认知、身份的觉醒、身份的期待
影响因素	家庭生活、学校生活、社会生活、关键人物、关键事件、关键时间节点
心理品质	政治品质、道德品质、个性品质
其 他	认知与现实矛盾、触及心灵的事物

沃尔特（Wolcott，1992）曾经指出，资料收集就是问、看和综述的过程①。在正式访谈之前，课题组多方联络被访对象，就近选择被访对象进行了多次预访谈。在零距离的实测中，进一步检验访谈提纲中观测点的可行性和引导性。经过预访谈后，根据实际访谈效果与内容分析，对预设观测点进行了修正和增删，最终确定了 15 个观测点（见表 3－2），使得访谈提纲内容更贴合研究需要，提升资料的科学性与实操性，确保访谈信息的有效性与可信度。

表 3－2　访谈提纲观测点

考察维度	观测点
精神历程	入党动机、党员身份的认知、党员身份的觉醒、党员身份的践行、党员身份与其他社会角色的关系
影响因素	家庭生活（教育）、学校生活（教育）、社会生活（教育）、关键人物、关键事件、关键时间节点
心理品质	政治品质、道德品质、个性品质
其 他	触及心灵的事物

① 麦瑞尔姆．质化方法在教育研究中的应用：个案研究的扩展．于泽元，译．重庆：重庆大学出版社，2008：49.

（二）深度访谈与田野观察

在确定好访谈提纲后，笔者于2019年7月至11月，对11名研究对象中的8名（D、E、F、G、H、I、J、K）进行了深度访谈。驱车实地走访往返历程900多公里，驻地考察单地最多达5天。实地走访研究对象家庭、工作地点、研究场所及部分研究对象所服务的贫困户家庭，积累了大量访谈资料。其中，研究对象D已90岁高龄，因其中风，无法讲话，课题组与其家人深入交流，查看翻阅研究对象D所获荣誉、被访的新闻报道、珍贵照片等，并去个人事迹纪念馆进行实地考察，收集实物资料。其余研究对象，根据实际情况采取了面对面访谈与视频电话访谈两种方式进行，具体信息见表3-3。

表3-3　访谈信息记录表

序号	研究对象编号	访谈时间	访谈形式	地点
1	D	7月12日	面对面访谈	家中、个人事迹纪念馆
2	E	7月13日	访谈	工作办公室、试验田
3	F	8月11日	电话访谈	——
4	G	8月11日	电话访谈	——
5	H	9月11日	面对面访谈	工作办公室
		11月30日	视频电话访谈	
6	I	7月10日	面对面访谈	工作办公室
		7月22日		
7	J	7月23日	视频电话访谈	——
8	K	7月23日	视频电话访谈	——

（三）实物资料收集

在质的研究中，收集实物也是一种重要的收集资料的方法。在确定的11位研究对象中，焦裕禄（A）、王伯祥（B）、张富清（C）三者均通过实物收集的方式获取研究资料，所收集的资料均为“正式的官方类”资料，包括国家授予的荣誉称号及公布的事迹简历，权威官方媒体发布的人物事迹宣传资料和本人工作生活笔记内容，公开出版发行的个人传记、影视作品等。故不涉及“隐私权、保密原则或匿名法等法律条文的约束”①。

在收集实物资料的过程中，只对与本研究内容相关的实物进行收集，并注意区分实物资料的“主观倾向”。针对传记类、影视类等带有作者、编者主观倾向的“二次加工”的实物资料，采取“批判”的态度辨识数据的可信度与有效性；针对非权威官方媒体的报道资料，采取“带入感”汲取信息，特别注意报道者撰写报道时的从文角度、动机和话语导向，尽最大可能真实再现研究对象的“本真”状态，获取与本研究相关的资料信息，扩大研究的意识范围，丰富研究手段和分析视角。

三、资料分析

在收集资料的过程中，笔者开始整理并分析资料，将资料的整理和分析置于研究的核心环节，将零散的信息片段整合归类、记录编码、提升凝练，复盘记录访谈过程中研究对象的语气、表情、行为举止等辅助信息，结合被访内容，充分保证资料的“新鲜度”，获取尽可能多的有效信息。同时，在资料收集阶段整体结束后，集中时间进行专门的资料分析，充分阅读原始资料，登录与寻找本土化概念、查找关联性依据、总结及包装资料、构建解释框架并检验命题，不断建立完善三级编码。

在实地访谈过程中，借助录音笔、相机等设备收集记录访谈内容和实物资料。访谈内容经过 3 轮录音转录，经多遍整理形成访谈内容文字稿件。利用 Nvivo 12 plus 软件进行全部资料的登录与数据分析，利用软件中词汇云、矩阵分析、交叉分析等大数据处理模式，直观具象地呈现资料的聚类属性，便于研究的深入开展与结论的凝练升华。

（一）资料分析的具体步骤

资料分析的过程是循环互动、多维互联的。“资料的浓缩与其他的部分（如资料的收集、展示、建立结论与检验结论等）相互结合、相互照应。”② 在

① 陈向明. 质的研究方法与社会科学研究. 北京：教育科学出版社，2016：259.

② 同①275.

资料的分析中一个“分析的单循环”主要经过“阅读原始资料”—“研究资料登录”—“寻找‘本土概念’”—“建立编码与归档系统”[①] 四个步骤。

第一，阅读原始资料。对一手资料的充分熟悉是初步整理资料的必要环节。一方面，通过通读全文熟悉与反复对比摘录，了解备忘录的撰写、人物生活志的整体脉络勾画描绘，逐渐明晰信息点之间的相互关系，沉浸在与资料的互动之中，融进前期访谈时个人言谈举止的情感性辅助信息，将每个研究对象独立“塑性”，形成“有血有肉有环境有条件”的“个体化”案例，并努力找寻其中蕴含的研究意义。另一方面，从阅读原始资料的过程中发现高频词语与核心问题观点，经过横向对比，在多名研究对象间找寻共意、共识的话语内容，以开放的态度从不同层面解读资料，注重多层次多意义的分析。例如“同词同语同意”与“同词同语不同意”的语境差别、深意差别等。多向度判断锁定关键核心内容，弥补后期软件进行文字识别分析的不完全性与语义的复杂多重性，更好地分析资料、运用资料、诠释资料、演绎资料。

第二，研究资料登录。“登录是资料分析的一项基本工作，是一个将收集到的资料打散，赋予概念和意义，然后再以新的意义重新组合建构在一起的一种操作化过程。”[②] 资料的登录基于对原始资料足够熟悉与对资料内容深意的准确把握。在进行登录信息环节时，围绕访谈内容设置的 15 个观测点与核心研究问题，确定了选择资料进行登录的基本方向与原则。同时，课题组还借鉴学者 J. 罗夫兰（J. Lofland）和 L. 罗夫兰（L. Lofland）提出的资料分析九类思考单位（1984：72－91）[③]，以便拓宽登录思路，找到有效着力点，抓住访谈中对问题所做的回答的性质、特点、深层语义，将研究对象的主观

---

① 陈向明. 质的研究方法与社会科学研究. 北京：教育科学出版社，2016：277.

② 同①279.

③ 九类思考单位具体是指：(1) 研究对象群体或个人的意识形态和世界观、他们对于自己生活方式的定义；(2) 研究对象的行为规范，包括他们明确说出来的、隐蔽的和有意拒绝回答的意义；(3) 研究对象的社会实践，包括平时行为中最小的单位以及那些对于他们来说具有戏剧性和特殊性事件；(4) 研究对象的社会角色，包括先赋予的角色（如民族、年龄、性别等）和正式的角色（如职业、职务）人格特点、交往角色、当事人所做出举动的动机原因；(5) 人际交往、社会系统中的人际关系；(6) 群体及适应社会环境的功能；(7) 居住地；(8) 生活方式；(9) 社会世界。转引自：陈向明. 质的研究方法与社会科学研究. 北京：教育科学出版社，2016：280.

阐释与实物资料收集的客观呈现有机结合在一起，不断深化对共产党人坚定理想信念的规律性认知。

第三，寻找“本土概念”。在质化研究中，“本土概念”（native concept）主要指研究对象在口头表达中反复使用的一些概念，它们通常反映了研究对象看待世界的方式与视角。对“本土概念”的挖掘，是解释研究对象的心理状态和行为方式的关键环节。当然，在这里笔者也深刻认识到不能将语词和概念相混淆。不仅同一语词在不同的研究对象口中会表达出不同的内涵，即便是同一研究对象，也会随着访谈阶段的不同而表现出不同的情绪、语气，因此其使用的同一语词也会随着语境的变化而呈现出多重的语义。例如，在本研究中，当一位研究对象被问及“你是否有过某一时刻，发现所做的事与自己的理想信念相冲突矛盾”时，他说道：“因为你有了党员的身份，因此实际上你在日常生活中对自己多了很多要求，你在执行工作的过程中，或者在生活中，就会不计较得失，你就会放弃一些自己的（利益），无论是时间、情感，还是你对家庭的责任……有时候你（将工作）作为一种事业去投入的时候，可能这种冲突矛盾（个人与集体）就已经不在你的（心）里头，在过程中就已经被化解掉了，我就是这么理解的。”对于“矛盾”的解释，研究对象在之前的访谈中提及更多的冲突存在于“公与私”的权衡中，通过此段访谈我们可以捕捉到研究对象对于矛盾的另一层语义的理解——在党员身份的角色认同语境下“对矛盾的内化消解”。

第四，建立编码与归档系统。在对原始资料进行阅读、登录、标注码号、确定本土概念之后，需要系统地整理编码，建立初步编码系统，并在深入的整理中明晰上下位类属，将新分离出的码号重新编制整合，将重复的旧码号修改或摒弃，不断更新编码系统，并进行编码检验，保证编码系统的科学性。建构档案系统时，我们运用 Nvivo 12 plus 软件进行辅助，逐一录入编码与其上下位类属关系，利用软件大数据搜索功能实现资料的随时调取和横、纵向比较。与此同时，由于研究需要，课题组也制作了检索目录，其中包括交叉参照体系，并标出了必要标识，弥补软件系统较为死板的搜索模式，更好地为研究提供资料支撑。

利用 Nvivo 12 plus 软件，我们获得了较多整合信息，例如原始资料中的高频词汇、正负情感倾向、数据统计图、研究对象个案访谈的编码样态等，为本研究提供了必要的数据参考（详情见表 3－4）。

表 3－4　新形势下共产党人坚定理想信念典型个案研究编码内容

入党动机	研究对象要求入党的内在原因和真实目的，是推动其争取入党的精神力量
懵知状态	研究对象受到不同环境熏陶和周围人物自觉或不自觉的言行带动，而在一种“懵懂无知状态”下产生对党组织的认知印象，萌生对加入党组织的向往
被动状态	研究对象在主体意识被唤醒的前提下，被动接收来自外部环境的信息，经过主观意识的思维处理得到相应的内心感受，形成并强化对加入党组织的向往
主动状态	研究对象本着向好的求进心态，发挥个人内驱力，在已有认识尚不透彻时，通过较为强烈的主观意愿，形成加入党组织的主动倾向
身份认同	研究对象对自身党员身份的确认和对党员群体属性及特征的认可与接纳程度
政治认同	研究对象对共产党员政治立场、政治属性的认知与态度
行为认同	研究对象对共产党员行为规范、实践趋向的认知与态度
情感认同	研究对象对共产党员身份在情感和价值层面的认知与态度
精神品质	研究对象呈现出的符合党员身份要求的思想意识与品性素养
政治品质	研究对象政治心理因素的总和，包括其政治观念、政治态度与政治行为等
道德品质	研究对象道德心理因素的总和，包括其道德认知、道德情感、道德意志、道德行为等
个性心理品质	研究对象在生活实践中经常表现出来的、比较稳定的、带有一定倾向性的个体心理特征的总和，包括其能力、气质、性格等
教育影响	对共产党人理想信念产生影响的各类教育要素
教育环境	对共产党人理想信念的形成和发展产生影响的空间和环境系统
教育内容	对共产党人理想信念的形成和发展产生影响的知识技能、行为规范、价值观念等
教育载体	对共产党人理想信念的形成和发展产生影响的教育实践活动及方式方法
精神历程	研究对象的理想信念从无到有、从弱到强、从自发到自觉的长期演变过程
认知发展	研究对象对共产党人理想信念的认知不断深入、思维方式不断提升的历程
价值选择	研究对象以共产党人身份为依据，所形成的个人价值取向
实践倾向	研究对象以共产党人身份为依据，所形成的个人实践取向

（二）研究资料的效度检验

在一些社会现象的分析过程中，一般都要经过效度来检验研究结果的可信度，而在质的研究中的效度检验不仅仅要检验研究方法是否得当、研究过程是否谨慎、研究结果是否可靠，还要对研究结果是否真实再现了研究过程中所有环节的关联、各层次结构的互联，表述研究现象是否更为合理进行检验。研究结果的“真实性”必然经过了研究者的“主观处理”，但却要尽可能地还原呈现其“本真的样态”，使研究结果真实反映研究现象。在这个过程中，笔者选用以下三种方法[①]对研究资料的效度进行检验。

相关检验法。又称三角检验法，指的是利用得出的研究结论，用不同的研究方法，对样本中不同的研究对象进行不同情景、不同时间的检验，通过尽可能多的维度对已经构建的研究结论框架进行验证。在这个过程中，研究者一方面对观察与访谈收集的资料进行检验。另一方面也会将收集的与研究问题相关的资料放入其中进行检验，以保证研究结果的真实性与科学性。

参与者检验法。参与者即研究中的研究对象，当研究得出初步结论后就将结论反馈给研究对象，通过研究对象自身对该结论的印证来检验效果，即该结论是否真实地尊重了他们的意见，遵循了他们被采访时谈话内容的原意；研究对象对该结论是否有不同的看法，是否认为研究者误解了他们的言行等；征求并尊重研究对象提出的意见，对结论进行修改完善。

收集丰富的原始资料。研究结论充分的论证依据来源于详细且全面的原始资料，是提高研究效度的保障。在资料收集的过程中，课题组尽量做到详细全面，比如多次校验访谈录音转录稿，将谈话的内容一字一句地整理，确保资料收集方面没有疏漏。同时，对研究对象在访谈过程中所呈现的语气、表情、举止，以及访谈当时所处的环境、陈列等具象信息进行逐一记录，并在编码时添加至备忘录，做好资料归档保存。在“真实”的反馈中凝练“真实”的类属关系，并“真实”地呈现研究结论，再将研究结论拿回到原始样本资料中进行对比，进行有效验证。丰富的原始资料在提高研究效度的同时

① 陈向明. 质的研究方法与社会科学研究. 北京：教育科学出版社，2016：401-407.

也有效地弥补了研究样本因抽样小而存在的“代表性不足”问题。

基于以上三种效度验证方式，笔者在获取原始资料时，实地走访、广泛收集、多次校验，尽可能保证了资料的饱和度；同时在编码登录时，利用科学的研究方法进行数据分析。在三级编码过程中，多名研究对象的访谈内容中出现了相同编码，充分说明原始语料编码的饱和，基于此的数据分析具有较强可信度。同时，笔者也在研究过程中通过与研究对象的多次沟通来补充收集原始资料，并将阶段性研究结论反馈给研究对象征求其意见，以保证研究的效度。

第二节　共产党人坚定理想信念典型个案的访谈调查

经过整理分析所有受访者的访谈资料与实物资料，笔者通过三级编码不断整合零散信息，聚焦共性问题，凝结核心主题，形成类属概念。经过研究，分析出与新时期中国共产党人坚定理想信念密切相关的多个主题，包括精神历程、教育影响、身份认同和精神品质等，具体框架结构如图 3－2 所示：

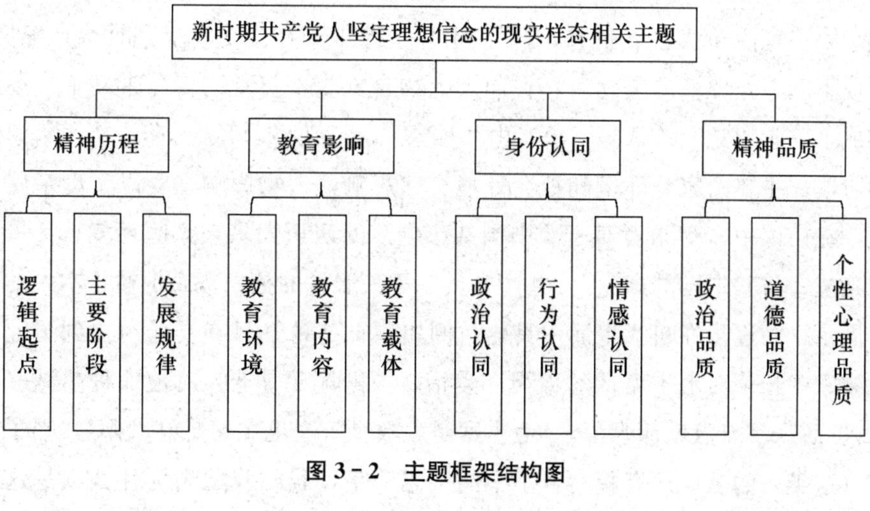

图 3－2　主题框架结构图

一、坚定理想信念是一个长期复杂的精神历程

理想信念是人类一种特殊的心理现象，是个体与社会交往互动中逐渐形成的社会化精神成果，是人们情感、观念、意志等各种心理要素的高度凝练，往往通过个体独特的精神历程来加以具体表征。

(一) 逻辑起点：申请入党的动机与基本类型

习近平总书记曾指出："发展新党员，必须认真分析入党动机，严格掌握标准和程序，确保质量，切忌'带病入党'。"① 在入党考察之初，就应充分考量入党积极分子在思想上的纯洁性、理想信念的坚定性、是非认识的清晰度、政治立场的坚定性，把握住党员队伍纯洁性的入口关。在访谈资料的分析过程中，我们发现"入党动机"的话题贯穿了访谈的大部分内容，"初心"的问题，不断被受访者提及、强调。对入党动机的考察是党员教育的初始之重，是党员身份认同之初的自我认定，"入党初衷"也会在之后的个人生活史中、在党性教育实践中不断重塑、完善，成为奠定研究对象坚定理想信念、践行党纪的基石。经过与受访者交流发现，他们萌生入党信念主要有以下三种情况：

第一，懵知状态下被引导。"被引导"体现为在受访者受到社会、家庭、学校不同施教环境的熏陶后，在周围人物自觉或不自觉的言行带动下，逐渐形成了关于"党"的认知印象，由"抽象"转化为"具象"。在最初印象树立的阶段，主要由家庭环境和社会环境交错影响，人物影响主要以父母亲属为主。在访谈中，受访者对于"中国共产党"的认识大多被家庭环境、父母亲友唤醒，将"中国共产党""共产党员"等关于党的抽象概念根植于本人的内心图示，并逐步在自我生活中具化。例如，研究对象 E 在受访时提到了他小时候家中长辈对毛主席像的珍视和爱惜，"我就觉得老人对他那种虔诚（很深）。后来一点点就懂事了，'毛主席是大救星'，'毛主席是红太阳'，唱了好多（这类）的歌。还有我的名字中的'忠'字，我问我父亲为什么（是这个

① 中共中央文献研究室．十七大以来重要文献选编：下．北京：中央文献出版社，2013：825．

字），他说意思是要‘忠于共产党忠于毛主席’，你要长期忠诚。”

在上述的访谈中，我们可以清晰地看到受访者在年少的启蒙时期受家庭环境影响萌生了对“中国共产党”最初的认知和向往，这种认识依托在对毛主席这位伟人虔诚的尊重和爱戴的基础上，在受访者内心留下了深刻印象。

第二，自我觉知状态下被吸引。“被吸引”体现为在研究对象主体意识被唤醒的前提下，自觉地接收来自社会、学校、家庭环境所带来的信息，经过主观意识的思维处理得到相应的内心感受，获得个体认识感知，不断强化对“中国共产党”的内心向往，从而渴望加入。这种“被吸引”蕴含很多方面。例如，被中国共产党领导中国人民实现“国家富强、民族兴旺的自豪感”所吸引，被革命伟人、时代楷模、优秀共产党员的事迹所吸引等。又如，有的受访者提到自身的学习经历依赖于党和国家给予的良好教育环境，并对党心生向往，渴望成为其中一员。他说道：“因为从小一直接受红色教育，知道没有中国共产党就没有新中国。我来自农村的一个贫困家庭，因为国家实行义务教育，我这个农村（贫困）家庭的小孩才能接受教育，一步一步走到现在，我觉得这些都应该感谢我们的党和国家。中国共产党在我心目中就是一个非常优秀的组织，在上大学时有机会入党，我就非常坚定地说我要写入党申请书。”

此外，还有受访者反映历史学习使他对“纵向的 5 000 年的中华史、500 年的社会主义运动史、170 年的党史①、70 年的国史和 40 年的改革开放史”有了更加清晰的认识，“根脉意识”和“根脉传承”决定了中国共产党是经过历史沧桑锤炼、经得起考验的政党。在历史观的视野下，他更加坚定了对党的忠诚，也不负当初入党时的誓言。

第三，趋同求进状态下被牵引。这里的“被牵引”体现在两个方面。一方面是“他者的外在驱动力”。例如“别人申请我也申请”。在对申请加入中国共产党还没有足够清醒认识的时候，只粗略地认为这是“好事情”，本着向好的求进心态跟随“别人”，在求同心理的驱使下渴望加入中国共产党，是被

① 此处受访者表达的是自 1848 年《共产党宣言》发表以来的历史。

动的个人行为。例如，研究对象I在提到最初提交入党申请书时的心态时说：“我是在大一入学的时候交了入党申请书，但是那个时候我的入党动机并不是很明确，就是看大家都在写入党申请书，我也想写。”

另一方面是“自我向好的内驱力”。例如：“这是个优秀的政党，是优秀人才的集合地，我也想成为这样的人。”这时研究对象对中国共产党已有自我内在认识，这种认识虽然尚不透彻，但已是主观性较为强烈的自我意愿，在入党考察过程中所经历的每个阶段都伴随着自我的内在肯定，是主动的个人行为。

（二）主要阶段：理想信念的形成与演进历程

马克思主义认为，社会存在决定社会意识，社会意识是社会存在的能动的反应。“观念的东西不外是移入人的头脑并在人的头脑中改造过的物质的东西而已。”[①] 中国共产党人在长期的社会生活实践中不断受到客观事物的影响，积累与马克思主义信仰相关的认知经验，并不断内化加工形成感性认识，“这种感性认识的材料积累多了，就会产生一个飞跃，变成了理性认识”[②]，成为自我固定的心理图示，进而确立为自觉的行动遵旨，从而形成坚定的共产党人理想信念。在这一认识基础上，经过对研究对象坚定理想信念的精神历程进行深入系统的研究，我们将共产党人坚定理想信念的精神历程概括提炼为以下五个时期：

（1）被动选择期。这一时期主要分为两个阶段。第一阶段是研究对象处于启蒙教育阶段，在懵懂中接收到有关“马克思主义”“共产党”“毛主席”“中国人”等零散信息，仅仅从“词语”的角度获得抽象概念，但并未与现实客观事物建立应有联系，认知的获得是被动的。例如研究对象E说道：“当时他们（父母）教我写字的时候，最早写的就是‘中国共产党万岁’‘毛主席万岁’，这是我最早会写的几个字。当时不知道要写的是什么，不知道共产党是谁，也不知道毛主席是谁。后来才知道（家中）照片上的人就是毛主席。后

① 马克思，恩格斯．马克思恩格斯选集：第2卷．3版．北京：人民出版社，2012：93.

② 毛泽东．毛泽东文集：第8卷．北京：人民出版社，1999：320.

来上学，再唱‘毛主席是大救星’，又唱《东方红》，这就弄明白了，为啥写‘毛主席万岁’。”第二阶段是研究对象在申请加入党组织时，大多处于初中、高中或大学教育阶段，价值观处在逐步形成时期，已经具有一定认知经验和社会阅历。入党动机尚未提升到“崇高的信仰”层面，而是在最开始源于“这是一个先进的组织”“优秀的人才能加入”等对自我“向好发展”的驱动下的被动选择。

（2）适应重建期。这一时期，研究对象已经积累了很多关于党的理性或感性材料，或连贯系统，或零散乱序，正处于信息整合与内化吸收的过程之中。经过外在信息浸润与自我学习、思考加工的处理而逐步建立价值认知与心理认同。此时，信息获取途径多元且自身尚未建立评价标准，没有分辨正负信息的能力，处于时而疑惑或质疑时而肯定的反复确认中。这一阶段是由懵懂认知到接受认同的过渡阶段，时间的长短取决于研究对象理论学习与实践的深入程度以及时间投入的多少。

（3）接受整合期。在经过自我认知辨析的过程之后，研究对象已经对“共产党理想信念”接受认同，在这一时期继续吸收有关“信息”，并已具备区分“真伪”“对错”“敌我”的认知能力，明确具有对自我“党员身份”的定位与觉悟，以“共产党员”的标准要求自己。例如受访者提道：“原来我想务实地谋求自己的发展就好了，在大学把我自己发展好，然后把我的家庭照顾好，这就是我来上大学的目标，想让我的家庭走出贫困。但是通过党课的学习，我不断地向共产党靠拢，我个人觉得这个自我太小了，我建立起来的这个自我是一种小我，我得超越这种小我、摆脱这种小我，到达一种大我的境界。虽然我还达不到总书记所说的那种我将无我的状态，但是我不应该只追求自己变强，那是精致的利己主义者，还应该和别人一起变强，当看到别人取得成就的时候，我真心地为他们感到高兴。”

（4）主动求知期。当研究对象认同自我“党员身份”，并将坚定马克思主义理想信念作为行动指南之后，会进入主动求知期。共产党员在加入党组织时就被赋予了“先进”“先锋”“优秀”等隐性头衔，只有“优秀者”才会被吸收到党组织之中。因此，共产党员的先进性就决定了其自身不断开拓进取的特质。这一特质也在无形中促使共产党员在坚定认同党的方针政策、党的政治领导的前提下，主动探索求进，主动丰盈充实自己，既为了自身的自由全面发展，也为了进一步淬炼提升其“党员身份”的韧度和高度。例如研究对象Ⅰ说道：“理想信念坚定的人，他一定憧憬着未来，不会辜负当下，他不能落伍。他在学习上、本领上，会克服自己的本领恐慌，在思想上会始终保持这种先进性和一致性。”

(5) 自觉践行期。知行统一、以行促知的良性循环，使共产党人在学用结合中践行使命担当。在自觉践行期，共产党人已将“使命担当”根植于内心，自觉融入党员身份角色，主动践行历史使命。例如研究对象Ⅰ说道：“不仅是党在吸引我，党也需要我，是我实现了一个心态转变，我想要为党做一些事情。……我可能无法到一线去扶贫，（无法）长期扎根在那里，但我可以做的是用我的笔把这些事情记录下来，把它传播出去，这是我想做的一件事情。”

以上五个精神历程阶段不是界限分明、单独存在的，而是相互统一、相互联系，在循序渐进中交叉重叠、循环升华的。共产党人在实践中获得认识，形成个人认知，由认知进一步指导实践，在反复的实践－认识－再实践－再认识的过程中，不断去伪存真，去虚存实，在意识中逐步树立坚定的理想信念，自觉内化于心、外化于行，构成稳定的精神品质，达到知行自觉。

（三）发展规律：理想信念的特性与典型形态

通过剖析研究对象的访谈资料与实物资料我们发现，共产党人坚定理想信念的精神历程主要遵循三重发展规律，这是与理想信念的特性与发展形态密切相关的。

一是“学—懂—信—用”的认识发展规律。真学、真懂、真信、真用是一个相互联系、相辅相成、不可分割、辩证统一的有机整体。真学是基础，真懂是前提，真信是关键，真用是目的。以研究对象Ⅰ为例，他曾是一名享受国家免费师范生政策的高校毕业生，目前为某重点中学思政课教师。他以“学好思政课，讲好思政课”为目标，在全国、全省高校学生讲思政课大赛中均获得一等奖，在多所高校巡讲“共产主义”，带动了 3 000 余名青年学生自学自讲思政课。党的十九大以后，他积极探索“微思政+第二课堂”的新模式，创建青年“自学自讲”思政课的交流平台——学“习”社，并赴大中小学宣讲《强国一代》37场，推送“知行合一”图文129篇，原创的爱国主题思政作品《最帅新时代》还被团中央收录。他“学思政”“懂思政”“讲思政”“用思政”的经历便印证了经由“学—懂—信—用”历程而逐步坚定理想信念的认知发展规律。

二是“被动感知—自觉萌生—价值选择—价值辐射”的价值发展规律。共产党员的价值向往需要由浅入深、由低到高的发展过程，我们将之总结为被动感知、自觉萌生、价值选择、价值辐射四个阶段。研究对象J的个人经历反映了这一价值发展规律。“被动感知”是获取价值体验的最初状态，研究对象在被动状态下接受和感知党组织的价值理念：“我在高中时期就已经是积极分子了，其实那个时候只是觉得党员（党组织）是一个比较优秀的团体。高中时有入党的机会，当时老师也推荐了，所以就做了积极分子。”“自觉萌生”是由价值体验而引发的自觉意识，研究对象在实践体验中逐渐知觉党员身份所内涵的价值取向：“我们在做科研的过程中要起到一定带头的作用，我觉得党员这个身份对我来说是一种更高的约束。因为你和普通的同学是不一样的，你承担的责任也要更多，包括有些研究有保密的义务，都是要有要求的。对我来说这是我必须要达到的一个要求，也就（把它）变成一份责任。”“价值选择”是在明辨内化的过程中逐渐实现自主的价值选择：“到了大学之后，接触的信息也比较多了，了解了我们国家的一些历史，我逐渐形成了自己的人生观、价值观，对这些事情有一定的判断。另外也有机会通过一些交流项目出国去采访。虽然西方国家有好的一面，但是其实还是我们国家的环境比较安定。我们国家目前发展的战略是正确的，包括我们很多的决策效率也是很高的。从我们党执政以来，国家发展所取得的成果还是很可喜的。”“价值辐射”是将已经内化的价值取向进一步辐射和影响他人：“目前我们国家在微小卫星领域有很多技术和欧美国家还存在差距，希望通过我们共同的努力，能把相关技术向前推进一步。”

三是“本然—应然—实然—必然—自然”的实践发展规律。共产党人的认识发展与实践作为是相互交织、循环上升的。以研究对象 E 为例，我们仅仅从他的“入党经历”到“党员身份的践行”就能从侧面洞悉他“坚定理想信念”的实践发展历程。“本然”是研究对象无政治身份阶段的实践状态：“从初中到高中，那种朴素的思想，就是对共产党的那种崇拜，越来越强烈。那时候学党史，学政治经济学，包括学习毛主席的反对形而上学理论、实践论和认识论等，我都很喜欢。虽然我喜欢理科，但是对那些也很喜欢，就逐渐懂得，共产党确实伟大。”“应然”是研究对象按照党员的行动标准应当达到的实践状态：“那时候说，既然共产党是优秀的，那你就得是优秀的，你是学生，你得好好学习。所以我当时算是典型的学霸，年年第一，科科第一，要么是市三好学生，要么是校三好学生。”“实然”是研究对象在“应做到”之前还并没做到的实践状态：“在我人生当中，我觉得那是一个非常羞辱的（时刻）：我感觉自己学习很不错，以为下半年可能就要（被）发展（为党员）了。发展我的过程当中，尽管我觉得我对共产党研究很多，但是辅导员老师找我谈话，谈党章，（我）就懵了，（因为）没看过。……后来我认识到自己（的不足），是我付出得不够，然后就（下决心）一定要把它记住。”“必然”是研究对象经历自我淬炼后必然达到的状态：“那时候就感觉，既然你是共产党，你就要对得起这个称号……我说既然入党，那么第一不能给共产党抹黑，第二就要以共产党人的标准要求自己。所以就更加努力学习，更加提高了一个层次。”“自然”是研究对象知行一体，自觉践行的状态：“我对自己的身份有一个深刻的理解，所以一直坚持到现在。包括现在对个人的要求是什么，除了坚持加入共产党（应有的要求），我对自己的要求非常严格。俗话说：严于律己，宽以待人。对个人的要求，就依照共产党的标准。我不干那种两面派的事情，我就是我，一个共产党员，我要严格要求自己，我讨厌的事情，都不会去做。”

二、坚定理想信念深受理论教育的系统化影响

共产党员作为肩负实现国家富强、民族复兴大计的中坚力量，其党性修养是其立身、立行、立业、立德的基础，系统的党性教育成为影响党员坚定

理想信念的关键要素。教育环境、教育内容和教育载体，都对共产党人理想信念的发展产生了深远的影响。

（一）教育环境的熏染

党员的理想信念是在一定的环境里形成和发展的，教育环境对党员理想信念的形成发展和党员教育活动产生着重要影响。根据对访谈内容的提炼，这里讨论的教育环境因素主要是对党员产生直接影响的具体环境因素，主要概括为家庭环境、学校环境和社会环境。

第一，家庭环境。习近平总书记曾指出：家庭是人生的第一所学校，家长是孩子的第一任老师，要给孩子讲好“人生第一课”，帮助扣好人生第一粒扣子。几乎所有的研究对象都在访谈中提及了亲朋好友对自身的影响。一方面，许多党员从小便在家庭生活中受到党性教育的启蒙，并在长期的家庭生活中耳濡目染逐渐形成独立品格；另一方面，共产党员也在每时每刻对其家庭成员施加教育影响，使得“红色基因”和“革命火种”代代相传。例如，研究对象F谈到家庭对自己坚定党员理想信念的作用时说道：“我母亲是个普通的农村妇女，在新中国成立前就加入了党组织，在20世纪50年代担任过村里管理区的妇女主任。她的爱党爱国形象一直影响着我。我讲讲我母亲一个爱党爱国方面的小故事。1953年秋季的一天，我才5岁，那时农村每家每户都得向国家交公粮。当时我母亲义务地负责动员屯子里30多户农民交公粮。有一户姓张的人家不情愿交公粮，屯子里也只剩他一家没交了。我母亲做了4天的动员工作，那家人最终向国家交了270千克粮食。这是我母亲作为一名共产党员爱党爱国的表现。母亲的这件事我一直记在心里，对我触动很大。后来1968年9月，我中专毕业，响应党和国家的知识青年上山下乡号召，返乡当了农民。”

第二，学校环境。研究对象在学校教育环境下，无时无刻不在接受“教育的影响”，在课程学习、师生交往、朋辈交往、课外活动等多个维度潜移默化地接受党性教育，再经过个人主观反思与提升，不断运用于实践。例如研究对象J谈到了校园实践活动对他的影响：“本科的时候，参加大学生骨干培训学校的学习，这是团中央的青年马克思主义者培养工程的一部分，我觉得在理论学习、社会实践过程中，对我的影响和触动还是挺大的。我们有一个暑期社会实践是去井冈山，其中有一个活动就是有一周多的时间要下到村镇农户家里面，我们其中很多人是城市里的孩子，到农村之后很多农活不知道怎么干，很多农具不知道怎么用，很多常识也是不知道的。比如去帮农民收花生，很多同学才知道花生原来是长在地里的，在此之前以为是长在树上。这样的培训让我明白了更多基层的事情，知道全国目前现状是怎么样的，我们国家还有几亿的农民，这个其实才是我们应该关注的一个部分。”

第三，社会环境。我们把社会环境界定为除家庭环境和学校环境以外的环境因素，它包括社会整体环境和社区等特定环境对研究对象造成的影响。在访谈中，研究对象的实践活动受到工作内容、人际关系、群众反馈、环境风气等很多因素的影响，这些社会环境因素往往引发主观思考，与其他教育环境作用相结合，使个体逐步形成稳定的价值倾向。

（二）教育内容的作用

教育内容是向“教育对象实施教育的具体要素”①。经过对访谈资料的内容筛选和要点提炼后，课题组认为，与本研究密切相关的教育内容主要包括政治教育、理论教育、世界观教育、人生观教育、道德教育等多个方面。教育内容依托具体的教育实践活动或施教者的言行举止，并通过这些方式而得以显性或隐性地呈现。

在政治教育方面，主要是针对基本国情教育、党的基本政策纲领等基本经验教育及爱国主义、民族精神、时代精神教育等。例如：研究对象J提道：“我记得小时候第一节语文课所学的第一句话就是‘我是中国人，我爱我的祖国’。”研究对象I提道：“我记得老师说过一句令我印象非常深刻的话：教师承担的是国家意志和国家使命，我们将来要教的孩子不是谁家的孩子，是国家的孩子。”研究对象K提道：“作为中国共产党的梯队中的一分子，要做的第一点就是发自内心地爱国，并且认同我们党的路线。我们坚信党的初衷，现在总书记也在讲初心，真正地认同党的理念，认同我们党现在做的事情，

① 陈万柏，张耀灿. 思想政治教育学原理. 北京：高等教育出版社，2015：173.

并且知道党的目标在哪里。不忘初心是党员必备的条件。”

在理论教育方面，主要是以思想政治理论课为主渠道，通过“大思政”格局进行全面普及，同时以党团活动、社会实践等为载体进行系统理论教育。例如，研究对象J提道：“理论学习这一块，学校请了很多各个领域的专家，他们的剖析是很到位的。我作为一名党员，在我所属的支部里进行理论学习，通过这些讲座，我才真正认识到原来一个政党、一个组织是这样运行的，为什么我们党现在能够不断地取得成果。通过理论学习，我对我们的国家和我们的党更加自信了。”

在世界观教育方面，主要体现在研究对象生活实践中的处世态度之中，坚持辩证唯物主义和历史唯物主义世界观，坚持马克思主义认识论的指导，尊重客观发展规律、尊重历史发展规律，以科学的理论指导具体个人社会实践。例如，研究对象I提道：“我觉得一个有理想信念的人要有历史感，他应该对5 000年的中华史、500年的社会主义运动史、170年的党史、70年的新中国史和40年的改革开放史有敬畏感，还应该具有站在世界全局看中国的大局观，我觉得这是一种根脉的意识，不能无根无祖。”

在人生观教育方面，主要体现在理想信念教育、人生价值教育、生命价值教育等维度。例如，研究对象K在得知自己患有脑瘤的时候，一度“被病魔击倒”，“感觉天都塌下来了”，“只能硬撑着自己”，在“不停地写论文做项目”“学习党内相关的理论知识”的过程中“给自己的人生一种新的思路，提供一种新的见识和见解，通过不断积累这些好的东西，不断地在科研方面做出一些小的成果”，最终“从病魔中走出来，最后得到国家的认可，获得了很多荣誉”。

在道德教育方面，主要包括集体主义教育、社会道德教育、职业道德教育、家庭美德教育等。研究对象通过一个个生动朴实的“故事”，在其诉说的字里行间呈现出深层次的教育寓意。例如，研究对象G说父亲言传身教对她的影响很大，尤其是父亲大公无私、乐于助人的精神品质。

（三）教育载体的影响

教育活动需要通过一定载体而得以完成。笔者在文中提到的教育载体包括传统载体、活动载体、文化载体、大众传媒载体[①]等四个方面。传统载体主要包括党组织生活、群团组织活动、谈话谈心、开会、理论学习等，这些是党员政治生活中常见的活动形式，也是党的组织生活制度的题中之义，是每位党员必须经常参与的教育活动。活动载体主要包括学校教学活动、学校实践活动、社会服务、社会调查、参观访问、学习英雄人物事迹等。活动载体在访谈资料中是参与度最高、形式最为丰富的载体形式。如研究对象J提到的“团中央青年马克思主义者培养工程——大学生骨干培训班”，研究对象I提到的“思政课”“XX老师的讲座”“暑假的支教”，研究对象E提到的“邀请芬兰专家来讲学”，研究对象F提到的“公益书屋”“家庭热线”等。文化载体主要包括文学艺术作品、弘扬主旋律的广播电视节目、艺术馆、图书馆、博物馆等凝聚中国文化、中国精神，能够承载教育意义，挖掘教育功能的文化产品或文化氛围。如研究对象F创办的“红色基因、好家风、卫生健康、民俗文物展等16个活动室”等。大众传媒载体主要包括期刊、书籍、电影等传媒产品和利用新媒体传播工具制作宣传的影音节目。作为一种无处不在、时刻伴随人的社会生活过程的载体形式，具有潜移默化、耳濡目染的直观教育效果。

三、党员身份认同是坚定理想信念的重要支撑

身份认同赋予共产党人应有的权利、责任和义务，是党员区别于群众的显著角色特征，也是党员自我角色认知、定位、践行，进而自觉认同的心理标识。党的十八届六中全会指出：“全体党员、干部特别是高级干部必须增强党的意识，时刻牢记自己第一身份是党员。”[②] 党员的特殊角色身份决定了其在政治意识上应保持的坚定性、在行为方式上应自觉践行的先进性和情感归属上应发自内心的忠诚性。

政治认同是基本前提。“共产党人”是一种政治身份，其表明了鲜明的政治立场和政治属性。政治认同是共产党人对自我角色身份认同的本质性前提。

① 陈万柏，张耀灿．思想政治教育学原理．北京：高等教育出版社，2015：239.
② 关于新形势下党内政治生活的若干准则．北京：人民出版社，2016：33.

在访谈中，被访者结合自身生活实践经历，经常列举自身感受国家强大的实例，他们对社会主义制度的高度认同、对中国共产党领导的高度认可集中体现了党员坚定的政治立场。研究对象E认为党在成长发展中不断“纠偏纠错”，勇于“改进错误”，并在大是大非面前始终秉持“为人民服务”的初心。因此他在对比不同社会制度的同时更加坚定了自身政治立场。

行为认同是根本要求。共产党人角色身份的“特殊”决定了其在行为举止上也“被要求”与普通群众有所区别。这时的“被要求”既是外在纪律的约束，也是党员自觉的角色认定。多位研究对象谈到“要做与共产党人身份相匹配”的事情。因为角色的转变，而使得自身言行受到无形“框定”，“有责任”“有义务”“就应该”等成为党员实践行动的前缀。这种行为认同主要表现在两个维度：一是党员身份的自觉框定。研究对象E谈及自己入党的情形时，提到对自己的要求很严格，尤其在学习上要勤勉争先。此外，党员身份的自觉认识还来自身边人物的影响和对所处环境的反思。例如研究对象G提道：“尤其是现在成为正式党员之后，那种责任感和使命感就更加强烈了。”研究对象J也提道：“党员的身份，让我不管是在学生会，还是在做科研的过程中，都起到一定的带头作用。我觉得这对我来说是一种更高要求的约束，承担的责任也更多。”二是党员身份的实践趋向。当党员认识到自身身份的特殊性时，反映到实践中会呈现“向好”“先进”“冲在最前面”“为人民服务”“做好力所能及的事”等行为趋向。一方面，党员会用党员身份来约束自己，即将党员的责任与义务、应遵守的纪律和原则来作为自己言行的标准和尺度。另一方面，在党员应具备的素质之上，根据自身个性化的特点在具体实践中发挥主观能动性，进一步规范自己、超越自己。例如，研究对象J说道：“我们作为一名党员，或者作为党员的骨干力量、学生干部，真的要从我们所住的城市或者现在的环境中走出来，看看我们国家的现状和面临的真实困境。然后在实践中承担相应的责任，使更多的老百姓过上更好的生活。”

情感认同是深层支柱。当我们在访谈中询问研究对象的入党时间时，几乎所有人都能准确说出自己的入党日期。这种对“政治生日”的牢记从一定程度上反映出党员对自身政治身份具有一定的情感归属。情感来源于人心中最原始和最本真的体验，这种体验或许不会被言语直接表达，但会转化为较为稳定的心理感受而逐步成为固定的心理图示，从而影响人的价值观念和行为选择。例如，研究对象 E 在谈到“根植于血液中的对共产党的热爱”时，和我们讲述了他在学习毛主席的故事时深刻体悟到理想信念的重要性：“我就觉得理想信念重要。这种根植于血液当中对共产党的热爱，我觉得是非常重要的”。

四、优秀的精神品质是坚定理想信念的重要条件

理想信念的形成需要以强大的精神品质作为思想支撑和行动指向。理想信念不是与生俱来的既定性存在，而是人们在生活实践和生命历程中逐渐显现的获得性存在。理想信念的显现与获得，不是单纯的观念塑造和知识传输，它一方面既紧密勾连着现实世界中的生命实践，同时又深刻依赖着精神世界中的内在演化。我们将精神品质概括为“政治品质”“道德品质”“个性心理品质”三个方面。

一是政治品质。共产党人的政治品质决定了其在发挥党员先锋模范作用时的政治立场和价值导向，是党员落实党的宗旨、纲领、路线最为基础的品质要求，也是党员自身世界观、人生观、价值观的充分体现。在访谈中，政治品质体现在研究对象提到的“忠诚”“有觉悟”“有作为”“有担当”“有原则”“有底线”“民主集中”“自我革新”“清廉自律”“政治自信”“坚定马克思主义信仰”等本土概念之中。例如，研究对象 H 提道：“我觉得共产党员的理想信念从宏观上说，它是一种对共产主义的信仰，是一种对人类社会发展方向和现实生活状态的信心、信念。从微观上说，这种对于信仰的坚守、对社会责任的承担，甚至对所从事工作的执着追求和奉献，都是一名共产党员理想信念的一种表现。从爱家爱国情怀说起，从小事做起，也是一种理想信念的表现方式。这种对共产主义理想信念的坚定态度和执着追求，是优秀共产党人的一种真实写照。”

二是道德品质。在访谈中，道德品质体现在研究对象所提到的“为人民服务”“做好事”“做好人”“集体利益为先”“输出自己”“做力所能及的事”

等本土概念之中。例如研究对象G在谈及自己父亲时说道："我父亲就是老党员，他是教师出身，管教育，后来就是他教给我很多做人的道理。他不管做什么事都是以群众为先。他告诫我党员要起表率作用，关键时刻要冲锋在前。在他去世的头一天，他还叮嘱我弟弟一定要给他交上党费。"

三是个性心理品质。优秀的个性心理品质给予共产党人独特的人格魅力和坚毅的意志品质。习近平总书记在针对提高党性修养的要求时指出："要历练宠辱不惊的心理素质，坚定百折不挠的进取意志，保持乐观向上的精神状态"[①]。在访谈中，每位研究对象通过自身不一样的人生经历，各自展现出独特的人格情怀。其中"坚持学习""严格的自我要求""善于反思""自制力""毅力""坚持不懈""不轻言放弃""友善""平易近人""宽以待人""低调""朴实""创新"等概念成为高频词汇。例如，研究对象E作为一名资深的科研工作者，在个人工作和生活中都体现出宽以待人、严格律己的品质；研究对象K是高知青年科研创业的新锐代表，在大学就读期间不幸患脑瘤，但是他不畏病痛，战胜病魔，坚持科研创业，表现出超出常人的毅力和果敢；研究对象G是一名基层公务员，在平凡的岗位上，自发组建团队做公益，在平凡的生活中服务人民群众，无怨无悔，始终如一。

第三节　共产党人坚定理想信念典型个案研究的基本结论

共产党人坚定理想信念的本质意涵是对马克思主义的信仰，对社会主义和共产主义的信念。这种理想信念是激励全体人民团结奋斗的最深层、最持久的力量源泉，更是共产党人的精神之"钙"、政治灵魂与安身立命之本。通过对研究对象深入系统的质性研究，课题组对于新形势下共产党人坚定理想信念的规律探究初步形成五个基本结论。

结论一：共产党人坚定理想信念是一个植根于生命活动和心理基础之中

① 习近平．习近平关于青少年和共青团工作论述摘编．北京：中央文献出版社，2017：48-49.

的“实践问题”，其内在规律历史地凝结在共产党人先进典型的生活实践之中，现实地表现为当代中国理想信念新内涵、党中央治国理政新要求和经济社会环境新变化，深层地蕴含在共产党人主客观世界相互关联、个体精神生活持续优化的内在机理之中。

结论二：共产党人坚定理想信念是一个长期的、复杂的精神历程。入党动机是我们分析其精神历程的逻辑起点，直接影响到共产党人理想信念能否形成、能否深化、能否保持。共产党人坚定理想信念一般会经过被动选择期、适应重建期、接受整合期、主动求知期和自觉践行期这五个阶段，并遵循三重发展规律，主要包括“学一懂一信一用”的认识发展规律、“被动感知一自觉萌生一价值选择一价值辐射”的价值发展规律和“本然一应然一实然一必然一自然”的实践发展规律。在实践中，我们应当鼓励共产党人“坚持学而信、学而思、学而行”[①]，以丰富的理论知识、清醒的价值判断服务于脚踏实地的奋斗和奉献。

结论三：坚定理想信念深受理论教育的系统化影响。其中，教育环境因素通过家庭、学校和社会这三个主要场域对个体的思想动态和价值理念产生影响；教育内容主要包括政治教育、理论教育、世界观教育、人生观教育、道德教育等多个方面，依托具体的教育实践活动或施教者的言行举止，并通过这些方式而得以显性或隐性地呈现；党的组织活动、文艺作品、大众传媒等诸多教育载体深刻影响着个体理想信念的形成与发展。

结论四：党员身份认同是坚定理想信念的重要支撑。坚定理想信念在其本质上是对“共产党人”这一身份属性的深层认同，包括政治认同、行为认同和情感认同这三个核心维度。其中，政治认同是最本质的前提，彰显了共产党人鲜明的政治立场和政治属性；行为认同是根本要求，制约着共产党人的实践取向；情感认同最为深层而稳定、深刻而长远地影响着共产党人的价值观念和行为选择。

结论五：优秀的精神品质是坚定理想信念的重要条件，主要包括政治品

① 中共中央文献研究室．习近平关于全面从严治党论述摘编．北京：中央文献出版社，2016：72.

质、道德品质和个性心理品质这三个方面。其中，政治品质表现在政治观念、政治态度与政治行为等方面，是个人内在的政治心理因素的总和；道德品质表现在道德认知、道德情感、道德意志、道德行为等方面，是个人内在道德心理因素的总和；个性心理品质表现在能力、气质、性格等方面，是一个人在生活实践中经常表现出来的、比较稳定的、带有一定倾向性的个体心理特征的总和。三者相互影响、密不可分，共同构成了共产党人的鲜明品格。

面向未来，我们应针对共产党人坚定理想信念过程中的主要矛盾和冲突，着力加以化解。其一，针对“个体情感与政党意志”之间的矛盾，探究共产党人坚定理想信念的情感共鸣点，找准政党意志向个人情感转化的关键环节，激活和唤醒共产党人的使命感和责任感。其二，针对“外部规范与内在觉解”之间的矛盾，探究理想信念从外部规范向党员内在意识甚至无意识转化的实现机理，推动理想信念与党员个体信念信仰系统的统一融合。其三，针对“观念认知与行动自觉”之间的矛盾，研究如何通过增强党员行为意向水平，推动理想信念从“说法”“想法”变成党员日常生活中的“做法”“活法”。

第四章

新形势下共产党人坚定理想信念的内在逻辑

共产党人坚定理想信念的内在逻辑，是基于对共产党人坚定理想信念本质意涵充分厘定以及对典型个案调查研究进行分析和整合的基础上的规律性认识。尽管共产党人坚定理想信念的过程是因人而异、千人千面的，但其仍然存在一定的客观发展规律。这种规律既包括在静态层面判断共产党人能否具备理想信念的基本品质要求与构成，也包括在动态层面自外向内地开展教育实践以及自内向外地实现价值生成。在静态结构与动态发展交织作用下，构成了新形势下共产党人坚定理想信念的立体作用逻辑。

第一节　品质构成逻辑

理想信念作为一种价值观念，其从无到有、从生成到坚定的过程都生发于人本身，因此，要想真正把握共产党人坚定理想信念的内在规律，就必须在根本上回溯到主体自身。从共产党人自身成长与发展的角度而言，坚定理想信念的过程就是共产党人建构精神家园、建设精神世界的过程。坚定理想信念作为共产党人生命活动过程中的实践问题，其产生究竟需要何种精神品质、其精神家园究竟要建设到何种程度，是新形势下探讨共产党人如何坚定理想信念的核心问题。

一、精神品质与理想信念形成的辩证关系

精神品质作为人的一种心理现象，其产生和发展既受先天基础的限制，也受后天发展的影响。精神品质经由内外长期联动而于后天形成，体现在人的相对稳定的素质、品格中。作为主体的人的精神品质决定了人以何种思维方式思考，能够形成何种价值观念等重要前提性命题。在这一意义上，分析新形势下共产党人坚定何种理想信念、如何坚定理想信念的问题，就要将共产党人的精神品质摆在首位，探究共产党人在形成何种精神品质的意义上才能形成并坚定理想信念。

对于共产党人坚定理想信念的过程而言，一方面，不同个体之间的精神

品质各有差异；另一方面，相同的精神品质的水平各有不同，这就决定了精神品质的影响作用也各不相同。从品质的形成出发，精神品质既有个人层面上的差异，也有发展水平上的差异。精神品质在个人层面的差异体现为人与人之间的不同，由于个人的身心基础、成长环境类型上的差异，精神品质的形成基础存在差异，导致了人与人之间的精神品质各不相同，例如，坚韧与软弱、奉献与唯利、智慧与愚昧，完全相反的精神品质背后是不同的形成基础，导致的行为、作风也将是完全不同的。同时，个人身心基础、成长环境的不同也导致了同类精神品质水平存在差异，在这一意义上，意志品质的坚定程度、情感品质的稳定程度、认知品质的深刻程度体现了个人发展程度的差异，也影响着思想、行为的水平与效果。从品质的培养标准这一角度出发，几乎每一种精神活动、实践活动都有与之相匹配的精神品质。

精神和品格，之于一个民族，是民族自立自强的基础；而之于个体而言，也是个体融于社会、立于社会的基本前提。理想信念是否能够形成、是否能够坚定，在很大程度上取决于个体是否形成了相应的精神品质。对于中国共产党人而言，精神品质是中国共产党人内在精神特质，是马克思主义学说的新时代产物，是中华优秀传统文化、革命文化和社会主义先进文化有机结合的结晶。“真正的共产党人具有优秀的品质，他们的优秀品质对他们坚定自己的信仰起了正向的作用，这是不能否认的。”[①] 中国共产党人的精神品质决定着我们党的政治形象，是推动中国革命、建设和改革事业胜利发展的不竭精神动力。习近平总书记曾对共产党人提出“信念坚定、对党忠诚的政治品质，心系群众、为民尽责的公仆情怀，忘我工作、务实进取的敬业精神，克己奉公、敢于担当的崇高品格，牢固树立宗旨意识，自觉做到为民务实清廉”[②] 的要求与标准。就精神品质的本质而言，应该至少包括以下几个维度：一是共产党人所具有的能够彰显自身属性的独特品质，即政治品质；二是共产党人所具有的彰显自身价值优越性的先进品质，即道德品质；三是之于每一名独

① 刘建军．论中国共产党人的信仰家园．河海大学学报（哲学社会科学版），2014（1）：1-5.

② 中共中央文献研究室．习近平关于实现中华民族伟大复兴的中国梦论述摘编．北京：中央文献出版社，2013：40.

立的共产党人，能彰显其独特性的个性心理品质。这三种品质相互影响、相互渗透，交织演化成了共产党人坚定理想信念精神品质的内在构成逻辑。其中，政治品质决定并表现在政治观念、政治态度与政治行为等方面，是个人内在政治心理因素的总和。道德品质决定并体现在道德认知、道德情感、道德意志、道德行为等方面，是个人内在道德心理因素的综合表现。个性心理品质则在政治品质与道德品质的养成与发展过程中发挥重要的心理生成作用，决定了共产党人对理想信念的认知程度与接受程度，在极大程度上影响了共产党人坚定理想信念的最终效果。这三种精神品质在根本上规定了共产党人坚定理想信念的基本心理品质，构成了生成与坚定理想信念的必要条件。

二、共产党人政治品质的基本内涵及层次结构

政治品质解决的是主体究竟“站在何种立场上”“具有何种属性”的根本问题。“任何政党都有政治属性，都有自己的政治使命、政治目标、政治追求。马克思主义政党具有崇高政治理想、高尚政治追求、纯洁政治品质、严明政治纪律。如果马克思主义政党政治上的先进性丧失了，党的先进性和纯洁性就无从谈起。”[①] 中国共产党作为马克思主义政党，其政治品质的核心体现为作为马克思主义政党“懂马信马”的坚定品质。着眼中国共产党的特殊阶级属性，习近平总书记曾明确指出，共产党人的政治品质是强化使命担当的现实需要，具体包括对党忠诚、自我革命与斗争精神的内在规定，涵盖了政治底线、政治责任与政治信念的三重内在指向。

就政治品质的概念而言，政治品质是共产党人通过自己的言行呈现出来的情操与修养，是其政治信仰、政治立场、政治鉴别力的集中体现，共产党人的政治品质直接关乎中国共产党作为马克思主义政党的性质宗旨，在根本上体现了中国共产党的价值追求，直接影响中国共产党的目标指引。作为共产党人的根本精神品质，政治品质是共产党人政治信仰、政治理想、政治立

① 习近平．增强推进党的政治建设的自觉性和坚定性．求是，2019（14）：4-9.

场、政治方向、政治目标等方面的集中体现，彰显了当代中国共产党人的价值追求，展现了当代中国共产党人的精神风范。坚定理想信念，在根本上是坚定马克思主义信仰的充分彰显。“对马克思主义的信仰，是中国革命胜利的一种精神动力。”① 共产党人之于马克思主义的坚定信仰，是中国共产党区别于其他政党的根本属性。无论时代如何发展，马克思主义仍占据着真理和道义的制高点，马克思主义仍未过时。正如马克思、恩格斯在《共产党宣言》的《1872 年德文版序言》中指出：“不管最近 25 年来的情况发生了多大的变化，这个《宣言》中所阐述的一般原理整个说来直到现在还是完全正确的。”② 可以说，坚定理想信念的政治品质不仅是中国共产党对揭示了人类社会历史发展规律的马克思列宁主义的坚定信仰，为世界科学社会主义运动注入了新的内涵和经验，更是中国共产党通过揭示世界大变局中蕴含的历史经验和发展规律对马克思主义的传承发展。同时，理想信念坚定的过程，也是代表和维护最广大人民根本利益的过程。正如邓小平指出：“我们过去几十年艰苦奋斗，就是靠用坚定的信念把人民团结起来，为人民自己的利益而奋斗。没有这样的信念，就没有凝聚力。没有这样的信念，就没有一切。”③ 对于中国共产党而言，最广大人民的根本利益始终是其奋斗方向。一方面，马克思主义的“人民性和实践性在中国得到了充分贯彻”④，共产党人的政治品质体现了为人民谋自由，为人民谋幸福的崇高理想信念。另一方面，中国共产党人始终坚持为民族而战的伟大目标，坚守共产主义远大理想和中国特色社会主义共同理想，彰显出了为民族谋独立，为民族谋复兴的崇高理想信念。在更高的层次上，中国特色社会主义为中国自身发展提供了不可替代的力量，也为世界社会主义运动书写了伟大篇章，以“人类命运共同体”为核心的价值理念充分彰显出我国的大国智慧，体现了共产党人为世界谋发展、为世界谋大同的崇高理想信念。

---

① 邓小平．邓小平文选：第 3 卷．北京：人民出版社，1993：63．

② 马克思，恩格斯．马克思恩格斯选集：第 1 卷．3 版．北京：人民出版社，2012：386．

③ 同①190．

④ 习近平．在纪念马克思诞辰 200 周年大会上的讲话．北京：人民出版社，2018：14．

事实上，在根本上回答“共产党人究竟应该形成何种政治品质”这一前提性命题，就要深刻回答中国共产党人究竟葆有何种政治品格、究竟应该对谁负责的问题。概括起来，主要包括三个维度：一是对党绝对忠诚，回答了共产党人的政治品质究竟“为了谁”的问题。党的十八大以来，针对党内外、国内外的新情况，习近平总书记多次强调党员要对党绝对忠诚的问题，他指出：“对党绝对忠诚要害在‘绝对’两个字，就是唯一的、彻底的、无条件的、不掺任何杂质的、没有任何水分的忠诚。”① 并进一步指出：“衡量干部是否有理想信念，关键看是否对党忠诚。”② 共产党人对党的忠诚就是以党的方向为方向，以党的意志为意志，以党的旗帜为旗帜，以党的使命为使命。一方面，对党忠诚是共产党人的政治本色。“无产阶级，特别是它的先锋队——共产党，应该提起自己的无限的积极性和忠诚，成为实现这些具体目标的模范。”③ 对党忠诚就是要谨记共产党人的身份，全心全意为人民服务，坚持马克思主义信仰，坚持中国特色社会主义信念不断强化党性意识，履行党的义务，牢记党的职责。另一方面，对党忠诚是共产党人的力量源泉。“忠诚诠释初心，要铸入血脉灵魂、始终不渝坚守。初心厚植忠诚，忠诚践行初心。”④ 忠诚作为一种品质、一种情操、一种规范，是共产党人建设共产主义事业的动力源泉、力量来源、行动保障，是对中国共产党初心使命的坚守，是对中国特色社会主义道德的坚信，更是对马克思主义的长久坚持。二是勇于自我革命，回答了共产党人的政治品质究竟“是什么”的问题。“勇于自我革命，从严管党治党，是我们党最鲜明的品格。”⑤ 勇于自我革命是中国共产党的重要武器，100 多年来，中国共产党始终保持勇于自我革命的精神，在不断自我革命的过程中实现自我净化、自我完善、自我革新、自我提高，领导人民取

---

①　中共中央文献研究室．十八大以来重要文献选编：中．北京：中央文献出版社，2016：197.

②　习近平在中央党校（国家行政学院）中青年干部培训班开班式上发表重要讲话强调：在常学常新中加强理论修养 在知行合一中主动担当作为．人民日报，2019-03-02（1）.

③　毛泽东．毛泽东选集：第 1 卷．2 版．北京：人民出版社，1991：263.

④　杨伟东．锤炼忠诚干净担当的政治品格．中国组织人事报，2019-07-10.

⑤　习近平．决胜全面建成小康社会 夺取新时代中国特色社会主义伟大胜利：在中国共产党第十九次全国代表大会上的报告．北京：人民出版社，2017：26.

得了一个又一个胜利。习近平总书记明确指出：“我们党要求全党同志不忘初心、牢记使命，就是要提醒全党同志，党的初心和使命是党的性质宗旨、理想信念、奋斗目标的集中体现，越是长期执政，越不能丢掉马克思主义政党的本色，越不能忘记党的初心使命，越不能丧失自我革命精神。”[①] 新形势下勇于自我革命，就是深入学习中国特色社会主义思想，认真学习马克思主义，以高度的理性认同引导价值认同，以科学的理论基础增强“四个意识”，坚定“四个自信”，做到“两个维护”，坚持以批评和自我批评的武器进行自我革命，坚持真理，修正错误。三是发扬斗争精神，回答了共产党人的政治品质究竟“如何做”的问题。中国共产党诞生于国家内忧外患、民族危难之时，斗争是我们的获胜本领，更是我们的生存本能。当今世界正处于百年未有之大变局，国际形势复杂多变，我们面临的风险挑战之严峻前所未有。要全面建设社会主义现代化国家、实现中华民族伟大复兴，就必须要在斗争中培育斗争品质，把握斗争关键，发扬斗争精神，提升斗争能力，增强斗争本领。新形势下，共产党人的政治品质就是要以解决困难为工作导向，面对困难要有吃苦在前的斗争精神，面对挑战要有敢为人先的斗争精神，时刻坚守捍卫真理、修正错误的斗争精神。

作为一种不断形成与发展着的品格与品质，政治品质并不是一成不变的。其既取决于个体的政治素养，也取决于时代的发展要求。在新形势下，共产党人坚定理想信念的政治品质也存在着一种层次性与变化性的特征，至少应该包括三个维度：底线维度上的政治底线、上限维度上的政治信念，以及居于二者之间、连接二者的政治责任要求。三个维度从不同视野以一种由下至上的方式对政治品质的构成层次进行系统框定。

政治底线是对共产党人政治品质的基本要求，是共产党人何以成为共产党人的前提基础。共产党人坚定理想信念的政治底线包括三个方面：一是根本政治立场。“全党必须始终坚定马克思主义立场，坚持党性和人民性相统

① 习近平在中央政治局第十五次集体学习时强调：全党必须始终不忘初心牢记使命 在新时代把党的自我革命推向深入. 人民日报，2019-06-26（1）.

一，坚决站稳党性立场和人民立场。”① 人民立场是中国共产党的根本政治立场，坚持政治底线意味着要时刻牢记“中国共产党为了谁”这个基本问题，牢记我们的伟大事业是为了人民群众，伟大事业的实现要依靠人民群众，时刻不忘人民立场，做政治上的“明白人”。二是党章党纪。党的纪律是共产党人坚持政治底线的重要遵循，是对如何坚持政治底线这一问题的切实回答。“纪律严明是全党统一意志、统一行动、步调一致前进的重要保障，是党内政治生活的重要内容。必须严明党的纪律，把纪律挺在前面，用铁的纪律从严治党。”② 三是使命担当。习近平总书记指出：“要以党的创新理论滋养初心、引领使命，从党的非凡历史中找寻初心、激励使命，在严肃党内政治生活中锤炼初心、体悟使命，把初心和使命变成锐意进取、开拓创新的精气神和埋头苦干、真抓实干的原动力。”③ 中国共产党始终坚定对社会主义和共产主义的信仰，始终坚持为人民谋幸福，为民族谋复兴，为世界谋大同。为人民谋幸福、为民族谋复兴，就要坚持正确行使党和人民赋予的权力，始终代表最广大人民群众的根本利益，做到自觉遵守政治底线，保持拒腐蚀、永不沾的政治本色。要加强党性修养，增强政治定力、政治鉴别力，增强自觉抵御外部各种风险、诱惑和考验的能力，时刻做到对党忠诚、对国家忠诚、对人民忠诚。

政治责任是共产党人政治品质的重要指向。习近平总书记指出：“是否具有担当精神，是否能够忠诚履责、尽心尽责、勇于担责，这是检验每一个领导干部身上是否真正体现了共产党人先进性和纯洁性的重要方面。”④ 共产党人政治责任的核心就是担当精神。实现中华民族伟大复兴的历史使命，需要共产党人勇于担当负责，积极主动作为。“我们要始终把人民立场作为根本立场，把为人民谋幸福作为根本使命，坚持全心全意为人民服务的根本宗旨，贯彻群众路线，尊重人民主体地位和首创精神，始终保持同人民群众的血肉

---

① 中共中央关于加强党的政治建设的意见．人民日报，2019-02-28（1）．

② 关于新形势下党内政治生活的若干准则．人民日报，2016-11-03（5）．

③ 习近平．在“不忘初心、牢记使命”主题教育总结大会上的讲话．北京：人民出版社，2020：13.

④ 习近平．扎实做好保持党的纯洁性各项工作．求是，2012（6）：3-7.

联系，凝聚起众志成城的磅礴力量，团结带领人民共同创造历史伟业。这是尊重历史规律的必然选择，是共产党人不忘初心、牢记使命的自觉担当。”①新时代下共产党人坚守政治责任，就是不忘初心、牢记使命，就是保持中国共产党的历史责任感和使命忧患感。中国共产党的伟大成就是无数优秀共产党人的牺牲换来的，是人民群众的伟大创造，共产党人要时刻不忘肩上的责任与担当，在中华民族伟大复兴的道路上，敢于挺身而出、敢于承担责任、敢于迎难而上。同时，新时期面临党内外挑战，共产党人要时刻保持忧患意识，忧党、忧国、忧民，不断锤炼政治担当、提高政治敏锐性、提升政治辨别力。

政治信念是共产党人实现伟大事业、进行伟大斗争的政治精神保障。新时代下共产党人的政治信念就是对马克思主义的信仰、对社会主义和共产主义的信念，坚定的政治信仰就是永葆共产党人的政治本色。坚定的政治信念就是理论上的坚定，是对马克思主义理论的坚定认同，对中国特色社会主义理论的坚定认可；坚定的政治信念就是情感上的坚定，是对党的认同的坚定，是对人民群众的坚定；坚定的政治信念就是行为上的坚定，是对建设社会主义事业的坚定，对共产主义的执着追求。坚持和发展中国特色社会主义是一项长期的艰巨的历史任务。邓小平说：“我们搞社会主义才几十年，还处在初级阶段。巩固和发展社会主义制度，还需要一个很长的历史阶段，需要我们几代人、十几代人，甚至几十代人坚持不懈地努力奋斗，决不能掉以轻心。”②中国特色社会主义事业是真理性和价值性的体现，共产党人要坚定对中国特色社会主义事业的信心、决心，要时刻坚持人民性这一优越性，坚持群众路线。“全党同志要把人民放在心中最高位置，坚持全心全意为人民服务的根本宗旨，实现好、维护好、发展好最广大人民根本利益，把人民拥护不拥护、赞成不赞成、高兴不高兴、答应不答应作为衡量一切工作得失的根本标准，使我们党始终拥有不竭的力量源泉。”③

---

① 中共中央党史和文献研究院，中央“不忘初心、牢记使命”主题教育领导小组办公室. 习近平关于“不忘初心、牢记使命”论述摘编. 北京：中央文献出版社，2019：141.

② 邓小平. 邓小平文选：第3卷. 北京：人民出版社，1993：379-380.

③ 同①138.

三、共产党人道德品质的核心要义及内在张力

“道德之于个人、之于社会，都具有基础性意义，做人做事第一位的是崇德修身。”① 早在古代中国，就有“夏曰校，殷曰序，周曰庠，学则三代共之，皆所以明人伦也”的论断。对于中国共产党人而言，道德品质着重凸显了共产党人精神品质在价值层面的先进性与优越性。其重要意义在于保持共产党人的先进性与纯洁性，在于为共产党人坚定理想信念提供坚实的道德基础。这种道德基础并不是子虚乌有，其具有历史、现实与发展三重维度上的合理性依托。

从历史维度上看，共产党人的历史使命要求其形成相应的道德品质。“中国共产党人的初心和使命，就是为中国人民谋幸福，为中华民族谋复兴。”② 回顾中国共产党成立的100余年历程，中国共产党人所付出的一切努力、进行的一切斗争、做出的一切牺牲都是为了人民幸福和民族复兴。中国共产党人凭着其强烈的初心使命带领中国人民赢得胜利、走向富强，中国共产党人浴血奋战、顽强奋斗，始终坚持以人民的安全为宗旨，以人民的利益为原则，以人民的幸福为使命。这种道德品质是形成于对马克思列宁主义理论基础的认识之上的，是建立在保护人民利益的基础上的，是建立在实现共产主义伟大事业的基础上的，是伟大的无产阶级道德、社会主义道德。从现实维度上看，共产主义建设事业要求共产党人形成相应的道德品质。培养道德品质是建设共产主义事业的需要，加强个人和群体的道德修养是以建设德才兼备的执政队伍为共产主义事业的根本保证，以共产主义道德为无产阶级实现共产主义事业的思想武器。从发展维度上看，保持共产党的先进性和战斗力要求共产党人形成相应的道德品质。共产党人的道德品质决定了共产党人的先进性、纯洁性，影响着共产党的先进性和战斗力。“一个人廉洁自律不过关，做

① 中共中央文献研究室. 习近平关于社会主义文化建设论述摘编. 北京：中央文献出版社，2017：142.

② 习近平. 决胜全面建成小康社会 夺取新时代中国特色社会主义伟大胜利：在中国共产党第十九次全国代表大会上的报告. 北京：人民出版社，2017：1.

人就没有骨气，做事就没有硬气，这是千古不变的道理。一个人的清正廉明，从根本上讲不能完全靠外部约束，而要靠自觉自律。自觉自律是人向上向善的内在动力。”① 道德修养作为人的精神品质，经内在精神活动与外在实践活动联动影响而生成，共产党人只有加强道德修养，始终保持高尚的道德情操，真正做到道德的内化于心、外化于行，才能始终保持共产党人的本色，不断提升共产党人的先进性、纯洁性。

作为社会性、道德性的集中体现，共产党人的道德品质是共产党人发展进步的目标导向与价值导向，是共产党人伟大信念的重要组成，充分体现了中国共产党的先进性与科学性，是共产党人理想信念的力量源泉。在中国特色社会主义进入新时代的新形势下，共产党人坚定理想信念的道德品质主要包括两个方面：一是为人民服务。全心全意为人民服务是中国共产党的宗旨，为人民服务是共产党人的首要道德品质，是为人民谋幸福的必然遵循。自中国共产党成立以来，为人民服务就是共产党人的内在行动准则。1944 年 9 月 8 日，毛泽东发表了《为人民服务》的著名演讲，强调共产党员要彻底地为人民的利益工作，鲜明地提出了“为人民服务”这一贯彻党的建设的座右铭。为人民服务是马克思主义政党人民性的根本体现，是中国共产党一切工作的出发点和落脚点。中国共产党始终秉持人民立场，为人民大众谋利益、为全人类谋解放。中国共产党来自人民，失去人民就会失去执政的根基，中国共产党为了人民，失去人民就会失去存在的意义。为人民服务这一建立在根本政治立场上的道德品质，体现了共产主义道德的先进性、伟大性。党的事业就是人民群众的事业，要坚持全心全意为人民服务的宗旨，调动人民群众共同为之奋斗、斗争。“为了人民，力求前进，这是共产党员最宝贵的品质。”② 共产党人的一切言论行动，必须以合乎最广大人民群众的利益为基本前提，以被最广大人民群众所拥护为最高标准。二是集体主义。集体主义作为一种道德品质，主张一切言论和行动都符合人民群众的集体利益，对广大人民群众利益的追求是社会主义道德的基本原则，是马克思列宁主义价值导向的内在

---

① 习近平. 推进党的建设新的伟大工程要一以贯之. 求是，2019 (19)：4-15.

② 刘少奇. 论共产党员的修养. 北京：人民出版社，2018：77.

要求。中国共产党人的理想信念是中华民族伟大复兴的信念，是解放无产阶级的信念，是解放全人类的信念，中国是我们的集体，无产阶级是我们的集体，全人类是我们的集体，集体是我们的联合，是我们生存和成长的沃土。只有在集体中，个人才能获得全面发展，只有在集体中，才可能有个人自由。我们的社会主义现代化建设不是靠少数人就能够完成的，而是要靠广大的人民群众，要靠整个社会的集体力量。一方面，集体主义就是要共产党人关心集体。人民的幸福、国家的复兴、世界的大同是人类的共同发展，每个人的自由全面发展是全人类的解放，共产党人关注的始终是人。关心集体首先要关心他人，“一个共产党员……关心党和群众比关心个人为重，关心他人比关心自己为重。这样才算得一个共产党员”①。对集体的看重意味着每一个共产党人都能够充分观照群众、关怀国家与社会，体现出对集体的充分关心。另一方面，集体主义要求共产党人以集体利益为重。集体主义强调集体利益优先于个人利益，当个人利益同国家利益、集体利益发生矛盾时，作为共产党人首先要顾全大局，个人利益要服从国家利益和集体利益。要注意的是以集体利益为重不是否认个人利益，个人利益和集体利益之间没有对立冲突，也不应该存在对立冲突，集体主义强调的是集体利益和个人利益的辩证统一。共产党人要在利益诱惑前经得起考验，在大是大非前始终保持道德本色，始终秉持人民立场，为人民大众谋利益，为全人类谋解放。

就共产党人道德品质形成与发展的过程而言，其并非一成不变，在其内部存在着一定的发展张力，这种张力的关键在于如何整合共产党人的价值共识与利益格局，毕竟，按照马克思所说：“人们为之奋斗的一切，都同他们的利益有关”②。而对于共产党人而言，推动这种张力关系的合理化、科学化，关键在于处理好两对关系。

第一对关系是人与人的关系问题。个体道德的产生是由简单到复杂、由低级到高级、由量变到质变的发展过程。由于社会发展的不均衡、不充分，个人与个人间因教育活动、外部环境等因素的不同导致了个体间利益的不同。

① 毛泽东．毛泽东选集：第2卷．2版．北京：人民出版社，1991：361.

② 马克思，恩格斯．马克思恩格斯全集：第1卷．2版．北京：人民出版社，1995：187.

且个人的道德品质也存在着各种内在矛盾，如道德认识的深刻性、系统性与肤浅性、不完备性的矛盾，道德情感的持久性与冲动性的矛盾，道德意志的坚韧性与软弱性的矛盾，道德信念的坚定性与动摇性的矛盾等。因此人与人之间的道德问题频发。但人与人的利益本质上并不是对立冲突的，并非是“你有我便无”的竞争关系。我们所说的个人是真实社会环境下的个体，而不是虚拟的人的本质，从人的本质这一角度出发，其需求与欲望是一致的。可以说，个人与个人的问题一般表现为现实社会发展中的利益问题。个人的利益离不开社会的发展背景，个人的利益实际上是时代背景下生产力与生产关系的体现，其需求与对利益的认识离不开社会大环境这一物质基础。个人的利益实际上是时代的产物，是社会的产物，个人与个人间利益的不同与冲突实则是社会发展的产物，其反映的不是每个人的利益，而是社会大环境下的利益问题。这种利益问题在一定程度上反映了社会的问题、时代的矛盾，有利于揭示当今社会发展的问题，有利于帮助共产党以问题为导向，着力从现实问题出发，探究本质原因，从而推动社会进步。

第二对关系是个人与集体的关系问题。集体利益高于个人利益，是社会主义集体道德原则的基石。在个人与集体之间的利益问题上，个人利益要服从集体利益，这是共产党人的优良道德品质，体现了共产党全心全意为人民服务的宗旨和无私奉献的优秀精神品质。我们强调个人利益服从集体利益并不意味着个人利益与集体利益是完全不同的，更不意味着个人利益与集体利益是相互冲突的。首先，个人与集体并不对立。集体利益与个人利益并不冲突，集体利益实际上是对个人利益的保护。个人与集体间的关系是个人社会化中的问题。要处理好个人和集体间的关系，“首先应当避免重新把‘社会’当作抽象的东西同个体对立起来”[①]。为了更好地理解个人这一概念，马克思进一步指出：“这里所说的个人不是他们自己或别人想象中的那种个人，而是**现实中的**个人，也就是说，这些个人是从事活动的，进行物质生产的，因而是在一定的物质的、不受他们任意支配的界限、前提和条件下活动着的。”[②]

① 马克思，恩格斯．马克思恩格斯全集：第3卷．2版．北京：人民出版社，2002：302.
② 马克思，恩格斯．马克思恩格斯选集：第1卷．3版．北京：人民出版社，2012：151.

集体是个人自由存在和全面发展的必要环境，因为“只有在共同体中，个人才能获得全面发展其才能的手段”①，只有“在真正的共同体的条件下，各个人在自己的联合中并通过这种联合获得自己的自由”②。个人是集体中的人，集体由个人组成，只有在集体中的个人才是真正能够获得自由的个人，只有在集体中生存发展的个人才是真正的个人。其次，个人和集体从本质上看是一致的。一方面，人作为“社会关系的总和”是不能脱离社会而存在的。个人的生存发展以社会政治经济文化为基础，个人的生存活动依赖于人与社会的良好互动。另一方面，个体利益和集体利益本质上是对立统一的。个人的利益构成集体的利益，集体利益只有落实到个人的头上才真正有意义。集体是人类社会中，为了帮助个人发展，发挥个人的更大作用，使更多的个人真正获得意义的一种群体，其本质就是为了促进个人的自由全面发展。集体利益是个人利益的抽象与具体，是对个人利益的保障与发展。共产党人“决不可只看到眼前的片面的福利而忘记了工人阶级的远大利益”③。个人利益与集体利益发生冲突时，暂时搁置个人利益实则是为了个人获得更好的发展。

四、共产党人心理品质的个性基础及构成要素

理想信念作为一种特殊的精神心理现象，是主体意识高度自觉的体现，无论以何种形式、内容作为其具体表象，最终都要回归人本身。在共产党人坚定理想信念需要经历的认识、认同、信服、敬仰等一系列过程中，共产党人是否具备相应的心理品质，能否形成符合理想信念生成的心理特质，构成了共产党人坚定理想信念的内在心理基础。

对于共产党人而言，坚定理想信念需要具有坚实的个性基础。马克思认为，“**工业**的历史和工业的已经生成的**对象性的**存在，是一本**打开了的关于人的本质力量**的书，是感性地摆在我们面前的人的**心理学**。”④ 人的心理品质不仅仅是对客观世界的被动反映，更是通过对对象的占有展现的一种人的本质

①② 马克思，恩格斯．马克思恩格斯选集：第 1 卷．3 版．北京：人民出版社，2012：199.

③ 毛泽东．毛泽东选集：第 4 卷．2 版．北京：人民出版社，1991：1285.

④ 马克思，恩格斯．马克思恩格斯全集：第 3 卷．2 版．北京：人民出版社，2002：306.

力量，是个体主观世界的主动建构。理想信念作为主体的高度自觉性意识，是人的本质力量的展现，主体意识水平是个性心理品质发展成熟的产物。作为人的一种精神心理现象，理想信念具有统摄和引领人的价值行为的力量，在接受外部世界影响的同时，通过个体的意识能动性获得其现实性。在这一意义上，个性心理品质为理想信念形成提供了坚实的心理前提与实践保障。理想信念的形成依托个性心理品质对知识和信仰的能动性改造，使之成为与自我心理结构、心理预期相适应的思想意识。同时，作为一种心理和行为的共同产物，共产党人的理想信念又是主观与客观、主体与客体的辩证统一。而对于共产党人而言，个性心理品质又在一定程度上影响甚至规定了理想信念的坚定程度与实现程度，其既为理想信念坚定奠定了实践基础，也为其坚定了实践心态。在这一意义上，个性心理品质的发展水平直接影响了理想信念的坚定程度。个性心理品质作为认知品质、情感品质与意志品质的统一体，要想真正把握个性心理品质，关键就在于充分把握个体所具备的彰显共产党人从认知到情感再到意志的品质变化过程，在这三个维度上展开对个性心理品质的深度把握。

认知是人们获得和应用知识的过程，是共产党人坚定理想信念个体心理品质的基本向度。具体而言，这种认知应包括三个维度的具体内容：一是认知能力。认知能力是人们通过自己的感官获得外部输入的信息，经过处理（能量的不断转换）转化为自己内部的观念或概念，并储存在头脑中，然后再经过一系列的处理，将内部的观念或概念转化为语言或其他行为，成为输出的信息，对外部的刺激做出某种特定的反应的过程，这是共产党人形成科学的世界观的重要基础。人通过了解自然和社会，也认识人类自身，获得有关自然、社会和人类思维的知识，并且利用这些知识创造出日益丰富的物质财富和千姿百态、不断完善的精神财富①。二是知识体系。古希腊哲学家苏格拉底认为只有知识才能使人达到美与善的地步。知识使人具有理智，有理智的人能了解世界与人生，驱除因无知而带来的烦恼与恐惧。理智能使人分清善

① 彭聃龄，张必隐．认知心理学．杭州：浙江教育出版社，2004：3-4.

恶、是非，避恶从善，进入高尚、宁静的精神境界。共产党人坚定的理想信念离不开科学系统的思维方式和逻辑，通过知识教育正确认识人类社会发展的客观规律，不断增进对马克思主义信仰、社会主义与共产主义信念的理性认同。三是认识系统。列宁曾指出："认识是人对自然界的反映。但是，这并不是简单的、直接的、完整的反映，而是一系列的抽象过程，即概念、规律等等的构成、形成过程。"① 理想信念作为共产党人的最高统摄、价值支撑和精神动力不仅仅是一个简单的认识问题，其形成的背后是科学的认识系统的支撑。继主体的逻辑思维能力成为思维的主导后，认知能力也从单纯的感性认知发展为以理性认知为主导，认知水平也不仅仅停留在对客观事物的简单认识和感性认知，主体开始认识客观现象背后的深层次原则，能够形成个体的独立性思考。

情感是人类精神生活中的一种特殊体验和重要力量，对人的社会生活和行为选择具有动力支撑和精神激励等作用。作为一种非理性因素，情感是理想信念的初级形态，是个体思想行为的"催化剂"，是集体团体共识的"黏合剂"。马克思曾指出："激情、热情是人强烈追求自己的对象的本质力量。"② 在共产党人形成并坚定理想信念的过程中，情感作为重要一环，能够充分展开自我意识、进行自我调节。在自我意识维度上，主体的实践活动总是会受到感性需要、自身欲望等非理性因素的左右，情感作为非理性因素常常渗透于个人实践活动中，对情感的意识能力直接影响着情感能力对主体实践活动的激励与指引。与一般的观念体系相比，理想信念具有更多的情感色彩，情感能力对理想信念的形成与坚定有着更为突出的影响。对国家和民族的深厚情怀，对社会主义道路、理论和制度的坚定信心，对未来社会发展的热切憧憬等丰富的情感意识是理想信念的情绪支撑，也是理想信念发生和形成的心理基础。在自我调节维度上，积极的情感品质为主体发展提供情绪支持，消极的情感品质也在一定程度上为主体调节调整提供了动力，积极情感与消极情感互相依存、共同作用，为个体在实践活动中的主体性创造提供动力支持。

---

① 列宁．列宁全集：第55卷．2版增订版．北京：人民出版社，2017：152.

② 马克思，恩格斯．马克思恩格斯全集：第3卷．2版．北京：人民出版社，2002：326.

意志的出现和发展，不仅是共产党人认识水平和思维水平成熟的一个重要标志，而且也在坚定理想信念中起着特定的控制和调节作用。意志是人们自觉地确定目的，支配和调节自己的行为去克服困难，以实现目的的心理过程，是人类特有的心理现象，是人的意识能动性的集中表现。共产党人意志品质的培养，应从心理学视角出发，重点观照“自觉性、果断性、坚毅性和自制力”[①] 四个方面。一是自觉性，使得产党人尽可能地令自己的行动具有合理的目标和高尚的社会价值。当今世界格局发生巨大变化，中国发展面临巨大挑战，面对时代变革，共产党人要敢于直面风险挑战，勇于担负起历史使命，这是新时代中国共产党人担负起历史使命的关键一环。二是果断性，使共产党人在实践过程中善于观察事物的发展变化，根据事物变化的方向、程度等，迅速而果断地做出决定，并能根据情况的变化和社会的需要，及时做出调整，不断完善个人的理想信念。三是坚毅性，使共产党人能够坚定理想信念，具有一种百折不挠的精神。“马克思主义政党必须由最彻底最坚定的先进分子组成，共产党人应该是最不知疲倦、无所畏惧和可靠的先进战士。”[②] 共产党人就是要为人民谋幸福，为民族谋复兴，革命事业的道路必定是漫长且艰辛的，这就要求共产党人要始终以坚韧不拔的意志战胜前进道路上的一切艰难险阻。四是自制力，使共产党人在执行决定时能够以个人的需要服从于集体的利益，能够克服自身困难，时刻以党规、党章等严格要求自己，积极进取。中国共产党承担着实现中华民族伟大复兴的历史使命，担负着推动世界社会主义运动的光荣任务，为此，中国共产党人要始终坚持大无畏精神和无私奉献精神，注重培养吃苦耐劳、任劳任怨的意志品质。

作为一种充分彰显共产党人个体性与独特性的心理品质，个性心理品质在其发展意义上由不同维度的要素交织构成，主要包括三类要素：一是认知要素。认知要素是主体在对客观事物认知的具体操作中表现出的认知品质，是心理素质的基本成分。“意识性、知觉能力、类比能力、比较类推、系列关系、抽象推理、计划性”等认知因素，是人们一般认知能力和元认知能力的

① 彭聃龄．普通心理学．3版．北京：北京师范大学出版社，2009：358-359.

② 习近平．学习马克思主义基本理论是共产党人的必修课．求是，2019（22）：4-11.

重要组成部分，各项认知因素的能力决定了人们的认知能力①。班杜拉通过判断行为、认知和环境势力等因素的交互作用，认为行为与环境势力的交互是一个功能过程，其中，认知要素在人的活动的组织与调节中起核心作用。在共产党人坚定理想信念的过程中，认知要素包括两个方面内容，即理论体系的形成依赖认知要素与理论体系的互动依赖认知要素。习近平总书记强调："把理想信念建立在对科学理论的理性认同上，建立在对历史规律的正确认识上，建立在对基本国情的准确把握上。"② 因此，要在理论体系与知识体系建构的过程中，推动个体与世界、主观与客观之间的互动作用，从而建构共产党人对理想信念的科学认知。二是动力要素。动力要素是共产党人个体化的现实彰显，是其对待客观事物的活动过程中所彰显出来的心理品质，包括抱负水平、责任感、求知欲、自制力、自信心、理智性、独立性等具体品质表征。中国共产党人的理想信念基于对马克思主义的信仰，旨在实现共产主义伟大事业，我们结合中国实际，形成发展了中国特色社会主义这一伟大成果，将共产主义伟大事业与中华民族的伟大复兴完美结合。这一马克思主义中国化的巨大成果，是中国共产党，也是中国人民的求知欲的体现。对中国共产党领导的信任、对改革开放和社会主义现代化建设事业的信心是支撑我们进步发展的精神动力，也是我们的自信心之所在。凭借着动力要素的强大力量，无数优秀的共产党人在民族危机时、在国家危难处挺身而出，以对马克思主义的中国化、对中国国情的了解、对中国共产党的信心、对中国道路的创造，一次又一次地带领着中国人民走向胜利、走向富强。三是适应性要素。适应性要素是"个体在认知品质和个性品质的基础上，通过与社会生活环境的交互作用，对外在社会环境进行学习、应对和防御，对内在心理过程进行控制、理解和调适所表现出来的习惯性行为倾向"③，是个体与时俱进、不断调整的重要心理品质。新时代共产党人坚定理想信念，不忘初心、牢记使命是基本

① 张大均，王鑫强．心理健康与心理素质的关系：内涵结构分析．西南大学学报（社会科学版），2012，38（3）：69-74.

② 中共中央宣传部．习近平总书记系列重要讲话读本．北京：学习出版社，2014：161.

③ 同①.

要求，与时俱进、不断调整的适应性能力是支撑我们不断发展的重要保障。可以说，顺应时代发展，适应时代变化是中国共产党作为马克思主义政党的一大优势。正如恩格斯所指出的："一个伟大的基本思想，即认为世界不是既成**事物**的集合体，而是**过程**的集合体，其中各个似乎稳定的事物同它们在我们头脑中的思想映象即概念一样都处在生成和灭亡的不断变化中，在这种变化中，尽管有种种表面的偶然性，尽管有种种暂时的倒退，前进的发展终究会实现。"①共产党人在与时代发展高度一致性、适应性的个性心理品质发展过程中，彰显出了马克思主义理想信念的发展性、科学性与先进性，从而推动共产党人在新的时代语境下不断坚定理想信念，推动理想信念的新发展。

第二节　生成发展逻辑

在主观因素、客观因素等多种条件的作用下，共产党人对于理想信念的认知会相应地产生不同的变化，在其精神层面会出现明显的动态性发展特征。概言之，共产党人坚定理想信念是一个循序渐进的精神历程。这种精神历程在价值追求、认识发展和实践选择三个层面分别呈现出从小我、大我到无我，从渐悟、顿悟到觉悟，从规训、恪守到自由的特点，即不断向更高级别的知行合一状态发展的规律，由此促成了新形势下共产党人坚定理想信念的精神历程。

一、从小我、大我到无我的价值追求

现实世界中的每一个人，都是一个存在着的"自我"。个体自我是一种社会存在物，同时也是一种价值存在，每一个"自我"都有着明确的价值规定性和价值特性。每一个人的价值都是主客体双重属性在实践认识活动中得以产生和实现的。因此，随着具有社会属性的人持续发展，每一个人在自我本身关系和个人与社会关系的不断改变中，确定不同的价值目标和价值追求，从而满足不断变化着的自我需要。共产党人也同样如此，其精神历程会在主

① 马克思，恩格斯. 马克思恩格斯选集：第 4 卷. 3 版. 北京：人民出版社，2012：250.

客体的交互作用下不断发展，其对于理想信念的认识、理解会随之变化，因而在理想信念上的价值追求也会随之产生变化，要想使得共产党人能够形成符合社会发展需要的思想认识，具有坚定的理想信念，就必须在价值目标和价值追求上加以引导。

第一个境界是公私界分、以我为主的“小我”境界。值得肯定的是，“小我”境界的发展符合人的发展规律。马克思指出：“当人们还不能使自己的吃喝住穿在质和量方面得到充分保证的时候，人们就根本不能获得解放。”[①] 人最基本的生存需要得到满足后，自身的存在才得以可能，才能够发展其他的事业和工作，才能够有更高一层的价值追求。共产党人也是如此。“小我”追求并不意味着共产党人的思想和行为出现了“问题”和“错误”，并不是只顾自己不顾他人的反面典型，人作为个体存在，普遍认为其价值追求包含物质层面追求和精神层面追求两个方面。人之所以能够存在，首先追求的就是保障其生存生活的物质生产资料，在物质需要得到满足之后，才能够进一步追求精神层面的发展。在这一意义上，“小我”是发生在唯物辩证法中事物发展规律下的必然阶段。但在新形势下，党内也出现了一些党员在思想上过度坚持“小我”，拒绝发展和进步，甚至出现消极退步的现象，即在思想层面出现了理想信念的动摇，主要表现为由信仰危机而产生的贪污腐败、以权谋私、无视纪律等多种问题，将“小我”境界逐渐延伸到“私”大于“公”、“私”控制“公”的错误地步。这些问题，总的来看就是共产党人的政治方向出了问题，而要想始终坚持正确的政治方向，最重要、最首要的问题就是要坚定理想信念。可以说，要想解决错的“小我”问题，终归还是要解决好思想上“根”的问题，即理想信念是否坚定的问题。“小我”境界需要进步、需要提升、需要革新，如果一味沉浸在“小我”阶段，不在学习和实践中发展自己的思想，就容易出现私欲纵横、损公肥私、党性缺失的问题，理想信念也会就此发生动摇。因此，我们应辩证地看待“小我”，既承认其存在的合理性和必然性，维护共产党人在坚定理想信念过程中正常的价值追求和价值选择，

① 马克思，恩格斯．马克思恩格斯选集：第1卷．3版．北京：人民出版社，2012：154.

同时又要坚守底线，对错误的“小我”坚决给予更正、防范、警示和抵制，为共产党人的理想信念创造出纯净的蓝天。

共产党人追求理想信念的第二个境界是先公后私、公而忘私的“大我”境界。在这一境界中，由于事物发展过程规律变化的趋势所致，共产党人对之前的“小我”境界产生了自我否定，开始向“大我”发展。一般来说，共产党人通过理论学习、实践行动的淬炼，逐渐对自身有了更高要求，并随着物质生活的基本满足，开始对精神有了更高追求，由此出现否定“小我”、肯定“大我”的现象。“大我”境界简单来说就是先公后私、公而忘私，即在个人利益与集体利益发生冲突时，会优先满足集体利益，其次解决个人问题，需要注意的是，在“大我”境界中，“公”和“私”依旧相对独立，只是其逻辑顺序发生了较大改变，在这一阶段中，共产党人已经能够将国家、社会和人民的利益作为自己价值追求中的首要选择。事实上，以“大我”为重是中华优秀传统文化创造性转化与创新性发展的必然结果。在古代中国，仁人志士们便心系国家天下，将自己的价值追求与家国天下结合到一起。范仲淹曾写出“先天下之忧而忧，后天下之乐而乐”的心忧苍生之句。在《论语·雍也》中有“己欲立而立人，己欲达而达人”的博施济众之辞。历史上更是有岳飞精忠报国的宏伟抱负，有魏征直言进谏为国担忧的担当。由此可见，中国自古以来就有“计利当计天下利，求名应求万世名”的优良传统，其蕴含的是中华儿女骨子里能够放下“小我”，选择“大我”的优秀品质。“大我”境界作为中华优秀传统文化成果中的一部分，必然会引领中国共产党人形成相应的价值追求，确立相应的价值目标，即共产党人从根本上能够认知、传承和弘扬这种优良品质。对于共产党人而言，追求“大我”境界具有明确的发展意义。方向决定道路，道路决定命运。共产党人要始终将“为中国人民谋幸福，为中华民族谋复兴”① 作为自己的最高价值追求，努力克制“小我”，提高站位、拓宽视野、扩大格局，在做人做事中不断地向“大我”迈进。在“小我”到“大我”的发展进程中，共产党人必须深刻理解，“小我”的成就

---

① 《党的十九大报告辅导读本》编写组．党的十九大报告辅导读本．北京：人民出版社，2017：139.

是在“大我”中实现的，只有把个人利益与集体利益相结合，才能更好地实现个人的价值追求，最终实现在追求大我中成就小我，在集体发展中促进个人发展，在国家梦想中实现个人梦想。

共产党人在不断坚定理想信念的过程中，其价值追求的最高发展境界就是“无我”境界。在这一境界中，共产党人的理想信念已经发展到了最高层次，其价值追求和人生旨趣已然和国家、社会和人民紧紧联系在一起，其一切思想和一切行动都出于“人民立场”，一切都是为了人民，因此可描述为大公无私、舍己为民的境界。这一境界指的是放得下自身的一切，投身到党和国家的伟大事业中去，甘于奉献自己的全部，甚至是自己的生命，也是将个人利益紧紧地与国家和人民的利益结合到一起。在“无我”境界的意蕴方面，主要体现于崇高至上的精神追求、舍我其谁的担当气概和矢志不渝的奉献精神。“无我”就是不论是在精神上还是肉体上，皆能够有放下自我的定力和决心，有献出自我的毅力和勇气。“无我”可以理解为“无私”和“忘我”，一方面体现在共产党人能够守好自己的党性，树立底线思维，廉洁自律，能够以严格的标准要求自己，树立崇高的价值目标，自觉抵御“糖衣炮弹”的侵蚀，筑牢思想防线，时刻保持头脑清醒、神清气定，时刻警钟长鸣，并永葆一往无前的奋斗姿态，始终为实现党的执政使命、实现人民对美好生活的向往不懈奋斗。另一方面体现在共产党人能够打破自己的惯性——敢于突破自身的思维定式和行为模式，敢于离开“舒适圈”，将自己的一切奉献到祖国建设的事业中去，不畏惧困难，耐得住清贫寂寞，能够在纷繁复杂的世事里坚持笃定自己的目标，能够在现实的“摸爬滚打”中淬炼思想“内核”，补足精神之“钙”，以矢志不渝的奉献精神，为实现中华民族伟大复兴的中国梦而努力奋斗。“无我”境界主要指向的是人民，即始终坚持“人民立场”，以人民为中心。习近平总书记指出：“我们党以马克思主义为立党之本，以实现共产主义为最高理想，以全心全意为人民服务为根本宗旨。这就是共产党人的本。”① 历史的发展证明，中国共产党由小变大、由弱变强，最终能够战胜千难万险，

① 中共中央文献研究室．习近平关于全面从严治党论述摘编．北京：中央文献出版社，2016：62.

取得革命的胜利，正是因为我们取得了人民群众的拥护和支持。在新的历史时期，党领导人民在探索建设中国特色社会主义道路的过程中，之所以能取得举世瞩目的成就，是因为我们取得了人民群众的拥护和支持。所以，“大公无私，舍己为民”是中国共产党人必然要坚守的精神高地和行为准则。

二、从渐悟、顿悟到觉悟的认识发展

理想信念与理论学习是分不开的，是辩证统一的。思想理论的清醒能够带来政治立场上的坚定，政治意识的强化能够促进理论素养的提升。要想树立坚定的理想信念，必须有强大的学习意识。理想信念的坚定，意味着理论学习能够把握住正确的方向，只有扎实开展理论学习，理想信念才不会被侵蚀。对于共产党人来说，理想信念要信一辈子，理论学习要学一辈子。所以理想信念坚定树立的过程也是理论学习充实丰厚的过程，而理论学习的持续深入是促进认识发展的必然选择。总体来看，中国共产党人坚定理想信念的精神历程基于理论学习，在认识发展层面主要呈现出由渐悟到顿悟，最后到觉悟的过程。在这三个阶段中，渐悟主要指向理论认识的“清楚”，顿悟主要指向知行合一的“清醒”，觉悟主要指向思想意识的“清明”，即不断将理想信念内化于心。这是一个由浅入深、由点到面、由表及里的过程，正是通过共产党人不断地“悟”，即不断地在学习中实现理解、明白、觉醒，从而持续更新自身的思想认识，进而逐步坚定理想信念。因此，理想信念的发展程度取决于共产党人对理论学习“悟”的程度，学得越透，“悟”得越深，理想信念就越坚定。

第一个阶段是在原著、原文、原理中促成渐悟。读原著、学原文、悟原理是共产党人实现渐悟的过程，即清楚理论认识的必要过程，原著、原文和原理是辩证统一的一个整体，阅读原著能够为共产党人最初阶段的认识发展提供深厚的理论土壤，即给予其最扎实全面的地基性认识；学习原文能够帮助共产党人在重视原著的基础上，进一步深刻把握住原文、全文中完整的思想体系，即提供最稳固完备的结构性认识；领悟原理能够在共产党人基本理论脉络得以夯实后，提供解决现实问题的理论利器，即为其创造最切实有效的发展性认识。原著有利于为共产党人认识发展提供深度。恩格斯指出："一个人如果想研究科学问题，首先要学会按照作者写作的原样去阅读自己要加以利用的著作，并且首先不要读出原著中没有的东西。"① 这就表明一切的研究和思考，都应该基于原著这个最本真的存在，并结合自身需要加以改进和使用。党的十八大以来，党中央愈发强调学习马克思主义经典著作的重要性，学习马克思主义基本理论更是要始终成为共产党人的必修课。习近平总书记曾多次提到广大党员干部要读原著。在十九届中央政治局第五次集体学习时的讲话中他指出，广大党员、干部特别是高级干部要学好用好《共产党宣言》等马克思主义经典著作，坚持学以致用、用以促学，原原本本学，熟读精思、学深悟透，熟练掌握马克思主义立场、观点、方法，不断提高马克思主义理论素养。在中央党校中青年干部培训班开班式上他强调，学习理论最有效的办法是读原著、学原文、悟原理，强读强记，常学常新，往深里走、往实里走、往心里走，把自己摆进去、把职责摆进去、把工作摆进去，做到学、思、用贯通，知、信、行统一。进一步来看，原文有利于为共产党人认识发展提供广度，而原理有利于为共产党人认识发展提供效度。在学原文这个层面上，要杜绝断章取义，要学原文，更要学全文，要坚持构建完整的思想体系，不能片面地通过简单化、碎片化地阅读就确定自身的观点。不当的内容、方法和路径会促使错误的认识和行动产生，要通过真学、真懂、真用来为理想信念的形成和发展把握好方向。而原理之所以能够提供认识发展上的效度，主要在于能够使共产党人掌握马克思主义立场观点方法。2018 年，在纪念马克思诞辰 200 周年大会上的讲话中，习近平总书记指出："马克思主义始终是我们党和国家的指导思想，是我们认识世界、把握规律、追求真理、改造世界的强大思想武器。"② 因此，掌握好马克思主义基本原理，并在实践中对其加以改进和丰富，就能够推动形成符合现实需要的思想认识。值得注意的是，原著、原文、原理是分不开的，三者不是完全独立的个体，而是具有明显的交集，因此，既要认识到三者的统一性，也要看到单个部分身上的独特性。

① 马克思，恩格斯．马克思恩格斯全集：第 46 卷．2 版．北京：人民出版社，2003：26.
② 习近平．在纪念马克思诞辰 200 周年大会上的讲话．北京：人民出版社，2018：15.

可以说，中国共产党人无论是在历史发展的进程中，还是在客观现实的需要下，其思想认识的发展主要呈现的就是在原著的阅读、原文的学习、原理的掌握中逐渐促成对于理想信念的渐悟。这一阶段的理论学习，就是共产党人坚定理想信念的前提和基础。

第二个阶段是在实际、实践、实事中达成顿悟。马克思说，“全部社会生活在本质上是实践的”，“哲学家们只是用不同的方式解释世界，问题在于改变世界”[①]。实践观是马克思主义认识论中的重要观点，实践性是马克思主义理论的重要特征，实践思维方式是马克思主义哲学的根本特征。通过在理论层面对理想信念形成了渐悟之后，马克思主义实践观促成了共产党人在理想信念中的顿悟，这种顿悟就是共产党人在知行合一中实现对理想信念的清醒认识，能够明确如何在行动中践行理想信念并进一步坚定理想信念。实际、实践和实事是共产党人实现知行合一的重要途径，主要就是指共产党人在坚定理想信念的过程中须坚持实际，即坚持“理论联系实际”来看待问题；坚持实践，即始终坚持马克思主义实践观，坚持“实践是检验真理的唯一标准”来解决问题；坚持“实事求是，与时俱进”来促进发展。实际、实践和实事是共产党人认识和践行马克思主义实践观的具体形态。首先，中国共产党人的认识发展是符合实际的。马克思主义实践观是发展着的、开放着的理论，始终践行着与时俱进的品质，不断探索着时代发展所提出的新课题和新挑战，始终是结合国情、社情、民情来发展着的。这也正是马克思主义实践观能够历久弥新、创新发展的奥妙所在。毛泽东在《反对本本主义》中明确指出：“马克思主义的‘本本’是要学习的，但是必须同我国的实际情况相结合。我们需要‘本本’，但是一定要纠正脱离实际情况的本本主义。怎样纠正这种本本主义？只有向实际情况作调查。”[②] 因此，共产党人对于理想信念的认识总是结合着中国实际国情，结合着现实实际情况的。新形势下，改革与发展的形势日新月异，与中国实际相结合的马克思主义才是中国共产党要坚持的马克思主义，结合中国新时代发展实际的中国特色社会主义才是中国共产党要

① 习近平．在纪念马克思诞辰200周年大会上的讲话．北京：人民出版社，2018：9．

② 毛泽东．毛泽东选集：第1卷．2版．北京：人民出版社，1991：111-112．

坚持的社会主义。只有坚持结合着实际情况、实际问题来学习理论，才能促成认识层面的顿悟。其次，中国共产党人的认识发展是联系实践的。实践是检验真理的唯一标准，发展着的实践是检验发展着的真理的唯一标准，中国共产党人通过理论与实践相结合，在实践中不断检验着理论，同时修正自身的思想认识，坚持学以致用，知行合一，从而在实践中获得真知，即形成认识理想信念的顿悟阶段。再次，中国共产党人的认识发展是指向实事的。2019 年，习近平总书记在秋季学期中央党校（国家行政学院）中青年干部培训班开班式上的讲话中明确指出："当前和今后一个时期，我国发展进入各种风险挑战不断积累甚至集中显露的时期，面临的重大斗争不会少，经济、政治、文化、社会、生态文明建设和国防和军队建设、港澳台工作、外交工作、党的建设等方面都有，而且越来越复杂。领导干部要有草摇叶响知鹿过、松风一起知虎来、一叶易色而知天下秋的见微知著能力，对潜在的风险有科学预判，知道风险在哪里，表现形式是什么，发展趋势会怎样，该斗争的就要斗争。"① 对于中国共产党人而言，始终贯彻着干实事的思想和原则，直面复杂的国际国内形势，无论遇到什么困难，面临什么挑战，共产党人的优良传统就是迎难而上，运用真理的武器，全心全意为人民服务，运用科学的思想去解决最根本的问题。

第三个阶段是在勤思、熟思、反思中形成觉悟。对于共产党人来说，长期的奋斗历程中面临许多亟待解决的难题，时代赋予共产党人的使命就是要与时俱进，不断去发现新问题、思考新问题、解决新问题。共产党人通过理论学习、实践确证，最后在勤思、熟思和反思中促成对于理想信念的觉悟性认识。勤思意味着共产党人思考的频率，共产党人要勤于思考，养成思考的习惯，要保持思想的时代性和先进性，及时发现和思考新问题；熟思则意味着思考的程度，勇于寻找问题的"根"，去发掘问题的本质而非表象，明确中国特色社会主义建设中存在的真问题，切实地解决真问题；反思意味着共产党人思考的角度，共产党人要善于反思，善于用辩证、联系的观点来看待问

---

① 习近平在中央党校（国家行政学院）中青年干部培训班开班式上发表重要讲话强调：发扬斗争精神增强斗争本领 为实现"两个一百年"奋斗目标而顽强奋斗．人民日报，2019-09-04（1）．

题，善于总结经验和问题，以此促成思想上的质变和飞跃。勤思、熟思、反思三者有机统一，协调作用，让共产党人在发展思想认识、解决主要矛盾、加强自身建设的过程中实现了对理想信念的最终觉悟，将理想信念熔铸于共产党人的脑中、心中。首先，勤思有助于共产党人思想认识的创新。习近平总书记也在党的十九大报告中深刻指出："全党要清醒认识到，我们党面临的执政环境是复杂的，影响党的先进性、弱化党的纯洁性的因素也是复杂的"①。党情、国情、世情的深刻变化和不断变化，迫切要求在共产党人坚定理想信念的过程中必须坚持问题导向，发挥创新思维，勤思善学，以保证党的指导思想的先进性和时效性。正是基于这样复杂的国内外形势，今天的中国共产党人需要更好地掌握勤思这一重要武器。通过勤思所得到的思想认识为共产党人坚定理想信念带来了强大的理论和思想底气，因此共产党人要坚持立足马克思主义理论本身，结合中国特色社会主义发展脉络，以敏锐的眼光和灵活的思维去面对中国特色社会主义建设道路中所出现的新问题和新要求。其次，熟思有助于解决共产党人所遇矛盾的要害。马克思曾指出："如果事物的表现形式和事物的本质会直接合而为一，一切科学就都成为多余的了。"② 透过表象去探索本质，就是科学的任务，熟思就是运用科学、践行科学的行为。熟思的重要作用在于帮助中国共产党人在为共产主义远大理想和中国特色社会主义共同理想奋斗的过程中，从根本上解决事情的主要矛盾，一针见血地抓住问题的要害部位，从而化解危机和风险。可以说，共产党人解决矛盾的过程，就是不断熟思的过程，也是其对理想信念不断坚定的过程。最后，反思有助于推动共产党人实现新发展。党的十九大报告明确指出："勇于自我革命，从严管党治党，是我们党最鲜明的品格。"③ 回顾中国共产党走过的历史道路，之所以能从小到大，从弱到强，不断走向胜利，就在于能够坚持真理、修正错误、持续反思，将自我革命作为党内重要的工作内容，全面从严治党。

---

① 习近平. 决胜全面建成小康社会 夺取新时代中国特色社会主义伟大胜利：在中国共产党第十九次全国代表大会上的报告. 北京：人民出版社，2017：61.

② 马克思，恩格斯. 马克思恩格斯全集：第46卷. 2版. 北京：人民出版社，2003：925.

③ 同①26.

党的十八大以来，中国共产党以“前所未有的勇气和定力推进全面从严治党，推动新时代全面从严治党取得了历史性、开创性成就，产生了全方位、深层次影响”[①]。总的来看，共产党人在勤思中实现了对理想信念的创新认识，在熟思中实现了对理想信念的深度认知，在反思中实现了对理想信念的辩证认证，从而真正实现了对坚定理想信念的思想意识的“清明”。新形势下，广大党员仍须坚持党的领导和中国特色社会主义制度，坚定理想信念，坚持党中央权威和集中统一领导，以理论为纲，向实践问计，不断提高勤思能力、熟思能力、反思能力，总结规律，善用方法，用党的创新科学理论指导实践、推动工作。中国共产党人的理想信念也是在这种不断思考过程中，在事物的量变和质变中实现了对于理想信念的觉悟，将理想信念内化于心，外化于行，彻底地将坚定理想信念作为自身的思维意识，真正地将理想信念融入自身的一切思想和行动当中。

三、从规训、恪守到自由的实践选择

理想信念指引着中国共产党 100 多年以来的奋斗历程，为广大党员干部提供了信仰之基、精神之钙和思想之舵。但是理想信念不是抽象存在的主观意识，而是基于历史和实践的现实存在。马克思主义实践观认为：“实践是认识的来源，是认识发展的根本动力，是检验认识正确与否的唯一标准。”[②] 在这一意义上，坚定理想信念不是空洞的口号，而是具体的、实践的，是从实践中来，又到实践中去的。可以说，共产党人的实践选择基于坚定理想信念对其提出的客体性规训要求、主体性恪守选择以及主客体交互式自由发展的三重结构上。

长期以来，中国共产党始终注重理想信念教育，由外向内的规范和灌输使共产党人的实践选择获得规训。规训是一种具有较强稳定性的存在，规训的形成是一种制度性的形成，对存在于制度之中的主体来说具有强大的约束

① 习近平在十九届中央纪委四次全会上发表重要讲话强调：一以贯之全面从严治党强化对权力运行的制约和监督 为决胜全面建成小康社会决战脱贫攻坚提供坚强保障. 人民日报，2020-01-14 (1).

② 张世良. 怎样炼成新时代好干部. 北京：人民出版社，2018：209.

力量，规训能够使共产党人更快更好地接受、接纳理想信念的灌输。这种规训首先必须着眼于中国共产党本身的权威性，即重点体现中国共产党由外向内对党员践行理想信念的高度重视和严格要求。党政军民学，东西南北中，党的最高权威地位始终对共产党人的一切实践选择产生着外部规训的作用。中国共产党自成立以来，始终坚持和加强党的全面领导，维护党中央的权威和集中统一领导。党的十九大在新时代党的建设总要求中明确提出把保证全党服从中央、坚持党中央权威和集中统一领导作为党的政治建设的首要任务。“维护党中央权威和集中统一领导，是我国革命、建设、改革的重要经验，是一个成熟的马克思主义执政党的重大建党原则。”① 通过对党中央权威和集中统一领导的强化，使得共产党人落实好、践行好党中央提出的理想信念的相关要求，尤其是在实践选择中有了可依靠和服从的“主心骨”。可以说，党作为领导核心的权威地位深刻体现在对共产党人一切行为的指导、检查和监督作用之中。福柯指出：“检查是一种追求规范化的目光，一种能够导致定性、分类和惩罚的监视”②。党的权威性使党员接受更高效、更长久、更合理的规训，对党员的意志品质和素质培养都具有深远的影响，从而在坚定理想信念层面也就更好地做到了在由外向内的规范和灌输中接受规训。

当共产党人坚定理想信念的发展历程经历了由外向内的规范和灌输后，逐渐在思想上和行动上形成“习惯”和“定式”，即通过无数次实践检验后明确了理想信念的先进性和指导性，因此在不知不觉间将对理想信念的认知和认同作为实践选择的前提和基础。由此，理想信念成为共产党人从内心实现根本认同的思想意识，能够将坚定理想信念演化为自我意识，从而在由内向外的引导和遵循中不断地恪守理想信念，恪守内心最本真、最原始的需求和原则。理想信念之所以能够始终成为共产党人的价值引领，主要是由于其在实践中所体现出来的真理性变成了共产党人的自我意识。自我意识是指个人在一定条件下，将自我与自我本身、自我与社会、自我与自然等关系之间的

① 习近平. 习近平谈治国理政：第 3 卷. 北京：外文出版社，2020：84.

② 福柯. 规训与惩罚：监狱的诞生 . 刘北成，杨远婴，译. 北京：生活·读书·新知三联书店，2012：108.

主观实践行为和活动转化为自身精神层面中的一种客观的存在。卢梭曾指出："强力造出了最初的奴隶，他们的怯懦则使他们永远当奴隶"①，"最盲目的服从乃是奴隶们所仅存的唯一美德"②。因此，一旦丧失了自我意识，人本身将成为一种为他的存在，即人不能认识到自身存在的意义，也就无法建构起主客体之间的关系，成为自为的存在。因此，要想实现由内而外的恪守，则必然需要自我意识的出现，自我意识使得个体的实践活动具有了目的性与自觉性，个人理想信念的产生与践行也就因此成为可能。同时，自我意识的生成和发展是个人不断深化认知的过程，更是个人持续提升自我、完善自我的内在力量。正是因为自我意识能够推动认识的深化和自我的完善，才使个人自觉地接受将理想信念内化为自己的思想意识成为可能，才使个人为实现理想信念目标的行为选择成为可能。这种自我意识的形成既源于对马克思列宁主义与中国特色社会主义理论体系的深刻理论认同，也源于长久以来"为人民谋幸福，为民族谋复兴"的情感认同，更源于中国特色社会主义共同理想和共产主义远大理想的理想认同。在这一意义上，当国家理想与个人理想紧密相连时，理想中所共同坚定的理想信念则真正得到了共产党人的认同，真正成为共产党人的自我意识。

按照马克思主义的观点，人的自由而全面的发展是共产主义社会中的人最理想的应然状态，就像恩格斯所说的："人终于成为自己的社会结合的主人，从而也就成为自然界的主人，成为自身的主人——自由的人。"③ 这种自由，是将个人的精神、意识与物质生产实践相结合，是具有物质基础的自由，是实践中的自由，是将人从"虚无缥缈"拉回"现实人间"的自由，共产党人的一切自由，也将是"建立在个人全面发展和他们共同的、社会的生产能力成为从属于他们的社会财富这一基础上的自由个性"④，是在物质生产实践活动中得以实现的自由。共产党人在坚定理想信念过程中，其实践选择的最

---

① 卢梭．社会契约论．何兆武，译．北京：商务印书馆，2010：8.

② 卢梭．论人类不平等的起源和基础．李常山，译．北京：商务印书馆，1982：145.

③ 马克思，恩格斯．马克思恩格斯文集：第3卷．北京：人民出版社，2009：566.

④ 马克思，恩格斯．马克思恩格斯文集：第8卷．北京：人民出版社，2009：52.

高层次就是在内外交融的自主和自觉中选择自由。这种自由意味着共产党人完全将理想信念融入自身的思想意识之中，并对其有着充足的认同感和归属感，使其成为一切工作的基础性前提。中国特色社会主义进入新时代，国际国内形势复杂多变，更需要中国共产党人充分将外在的规训和内在的恪守转化为内心自由的信仰，为此，党的十八大以来，以习近平同志为核心的党中央始终强调广大党员干部在坚定理想信念的基础上，不断促进行动自觉的发展，为共产党人形成自主、自觉且自由的正确实践选择指明了方向，增强了信心。一方面，营造协同发力、和谐一致的良好氛围，为共产党人坚定理想信念、选择正确道路提供了环境和方向。纵观党的历史发展，协同发力的党内环境始终存在，中国共产党在坚持社会革命的同时进行自我革命，坚持群众路线，深入群众，坚持批评与自我批评。这些党的优良传统展现出共产党人的每一次实践选择都是在内外两方面的共同保障下加以实施的，都是基于国家、社会和人民的，都是加持理想信念的。另一方面，落实初心使命、行动自觉的明确要求，为共产党人践行理想信念、走好中国道路提供了依据和方法。新中国成立 70 多年来，在中国共产党的领导下，中国人民在社会主义道路上取得了许许多多举世瞩目的伟大成就。实现中华民族伟大复兴“凝聚了几代中国人的夙愿，体现了中华民族和中国人民的整体利益，是每一个中华儿女的共同期盼。”① 在这个如此关键的历史时期，在我们即将实现伟大梦想的重要阶段，共产党人更要做好一切实践的选择，“道路决定命运，找到一条正确的道路多么不容易，我们必须坚定不移走下去”②，理想信念使共产党人夯实了中国特色社会主义制度继续发展的思想基础，更使其拥有了为广大人民带来幸福生活的强大能力，中国共产党人一定要抓住机遇，做时代的弄潮儿，不忘初心，砥砺前行，用实际行动为中国梦的实现提供最坚实的行动力量。

---

① 唐洲雁. 实现中国梦的重大战略部署：学习习近平总书记系列重要讲话. 北京：中央文献出版社，2013：97.

② 习近平. 习近平谈治国理政. 北京：外文出版社，2014：36.

第三节　教育引导逻辑

理想信念的形成、确立和坚定是一个漫长的实践过程。共产党人坚定理想信念的过程不仅受到内在精神品质的生成作用，更受到外在因素的干预和影响。在这一过程中，教育引导作为外在因素，是最为关键且有效的手段，成为推动共产党人坚定理想信念的关键所在。基于此，分析理论教育、情感教育、价值观培育与实践养成等核心教育引导方式的作用维度与作用机理，有助于深刻把握新形势下共产党人坚定理想信念的教育引导规律，进而推动共产党人将理想信念真正从一种价值理念转化成为一种价值追求。

一、理论教育的规范支撑

共产党人的理想信念是建立在科学理论的基础之上的。社会主义、共产主义的理想信念，是不可能不教而知、不学而会、自觉形成和确立的，要通过科学的理论指导，将多元的个人理想引导、汇聚到共产主义远大理想与中国特色社会主义共同理想上，凝聚到为实现远大理想和共同理想不懈奋斗的过程中。个人理想只有同国家的前途、民族的命运相结合，个人的向往和追求只有同社会的需要和人民的利益相一致，才是有价值和意义的。

首先，马克思主义理论为理想信念奠定了坚实基础。马克思主义理论深刻揭示了人类社会发展的规律，我们党一直以马克思主义为立党之本。正如习近平总书记所说："中国共产党人的理想信念，建立在马克思主义科学真理的基础之上。"① 马克思主义奠定了共产党人坚定理想信念的理论基础，为我们认识世界、改造世界提供了强大的思想武器。习近平总书记要求党员干部都要念好马克思主义这个"真经"，要系统地掌握马克思主义基本理论，练就"金刚不坏之身"。马克思主义理论全面阐述了社会历史发展的客观规

① 习近平．在纪念红军长征胜利80周年大会上的讲话．北京：人民出版社，2016：12.

律，是理想信念形成的重要理论基石，科学地论证了社会主义、共产主义是人类社会发展的必然趋势，同时为避免共产党人思想滑坡提供了精神保障，它是指引中国共产党人奋勇前行的思想火炬，是我们坚定理想信念的重要出发点。

其次，中国共产党的成功实践经验为理想信念提供了科学路径。中国共产党在领导人民进行社会主义革命建设的伟大实践中形成了丰硕的理论成果，其中以毛泽东思想、邓小平理论、“三个代表”重要思想、科学发展观、习近平新时代中国特色社会主义思想为代表的思想理论，既是对马克思主义的继承发展，也是理想信念的重要理论基石，更为理想信念的实现指明了更具时代特征、更符合中国国情的实现路径和发展前景。可以说，中国共产党的历史就是一部马克思主义的信仰史。中国近现代史、中国共产党史、中华人民共和国史教育中的重要内容都涵盖和揭示了历史和人民选择马克思主义、选择中国共产党、选择社会主义道路的深刻原因与历史必然性。习近平总书记指出：“学习党的历史，是坚持和发展中国特色社会主义、把党和国家各项事业继续推向前进的必修课，这门功课不仅必修，而且必须修好。”[①] 中国共产党的成功历史实践在证明了马克思主义理论的科学性和正确性的同时，能够帮助共产党人在历史中总结经验、吸取教训，为共产主义伟大事业的进一步繁荣发展提供新的思路，为理想信念的实现规划更为科学的方法路径。

再次，习近平新时代中国特色社会主义思想为理想信念确立了目标追求。习近平新时代中国特色社会主义思想是当代中国的马克思主义，是坚持和发展马克思主义的典范，是同马克思列宁主义、毛泽东思想、邓小平理论、“三个代表”重要思想、科学发展观等重要思想理论一脉相承而又与时俱进的科学理论体系，是马克思主义在中国发展的最新成果。习近平总书记高度重视理想信念问题，在其重要论述中为理想信念赋予了新的时代内涵，为新时代理想信念的坚定践行指出了明确的方向。习近平新时代中国特色社会主义思想肯定了共产主义远大理想的历史地位，将实现共产主义视为共产党人不变

① 习近平．在党史学习教育动员大会上的讲话．北京：人民出版社，2021：3.

的历史使命。习近平总书记强调："中国共产党之所以叫共产党，就是因为从成立之日起我们党就把共产主义确立为远大理想。我们党之所以能够经受一次次挫折而又一次次奋起，归根到底是因为我们党有远大理想和崇高追求。"[①]"共产主义远大理想和中国特色社会主义共同理想，是中国共产党人的精神支柱和政治灵魂，也是保持党的团结统一的思想基础。"[②] 实现共同理想是实现远大理想的前提和基础，实现远大理想是实现共同理想的最终目标结果，二者是紧密联系、相互统一的。"中国特色社会主义的共同理想信念是共产主义远大理想信念在当代中国的阶段性表现，又是引导人们追求更高的目标并树立远大理想信念的起点。"[③] 习近平总书记提出的"实现中华民族伟大复兴的中国梦"作为当前重大的战略思想，也构成了中国共产党人的使命追求与人生理想。中华民族的伟大复兴之梦，是中国人民在党的领导下，以马克思主义为指导思想，沿着中国特色社会主义道路，弘扬中国精神、凝聚中国力量，从而实现"国家富强，民族振兴，人民幸福"的梦，是同世界各国人民所追求的和平与发展的美好愿望相映生辉的梦。中国梦是理想信念的载体，同时也是理想信念的目标方向，为理想信念的坚定注入了持续的精神动力。

新形势下我国所处的国际国内环境、需要解决的时代课题、肩负的历史使命和任务都发生了巨大变化。习近平总书记明确指出："心有所信，方能行远。面向未来，走好新时代的长征路，我们更需要坚定理想信念、矢志拼搏奋斗。"[④] 新的时代需要新的理论，理论是随着时代的发展、国情的变化而逐渐发展的，只有真正符合中国国情、与中国实际相结合的理论才能够正确地指导当前中国社会发展和国家建设。而与时俱进正是马克思主义的理论品格，是其永葆生机活力的内在要求。因此在理想信念教育中加强理论教育，要坚持理论联系实际的原则，实事求是地将马克思主义基本原理同我国现阶段的

① 中共中央党史和文献研究院，中央"不忘初心、牢记使命"主题教育领导小组办公室. 习近平关于"不忘初心、牢记使命"论述摘编. 北京：中央文献出版社，2019：80.

② 同①85.

③ 朱喜坤. 论理想信念教育的概念与地位. 理论学刊，2006（12）：80-82.

④ 习近平. 在学思践悟中坚定理想信念 在奋发有为中践行初心使命. 人民日报，2020-07-01（1）.

基本国情、同人民群众的思想实际结合起来，注重加强理论创新，以理论创新推动理论武装，从而促进理想信念的与时俱进、创新发展。对于无产阶级政党来说，其先进性的一个重要体现就是能够用科学的理论武装自己。中国共产党尤其重视理论武装，思想建党和理论武装是中国共产党一路走来能够回答和破解时代发展的难题，能够把科学社会主义推进新的时代并产生巨大影响的重要原因之一。理论武装在一定程度上能够促进理想信念落到实处，党的思想理论建设的重点就是要抓好抓牢共产党人对共产主义远大理想和中国特色社会主义共同理想的坚定信念和必胜信心。理论武装要跟紧理论创新，用马克思主义中国化最新理论成果武装头脑、武装全党思想，指导实践，推动工作，以改革创新精神加强党的自身建设，促进共产党人的理想信念与时俱进。

二、情感教育的激发调节

情感似乎是人与生俱来的一种感知能力与内在感受，作为一种特殊的情绪体验存在于人的内心和思想之中，具有充盈丰富的内容，是人给予外界事物的一种情绪上的反馈，同时也很容易受到外界环境的影响。在科技与经济飞速发展、物质生活极大丰富和繁荣的今天，个体的交往方式、娱乐方式、思维方式都发生了巨大变化，功利主义、工具主义的盛行，使得情感在社会发展中的地位受到排挤，现代人情感缺失的现象日渐凸显，出现道德滑坡、情感冷漠的危机。同时在短平快的生活节奏带来的重压之下，现代人又有着情感宣泄和张扬的需要，而很多时候人在现实中不得不压抑自己的情感，这就导致很多情感在现实中无处释放。信息技术的不断发展使得网络成了当代社会成员自我表达、自我宣泄的重要平台，披上网络隐形外衣的人们，放下现实中的克制和伪装，开始肆意释放自己的情感和情绪，其中不乏有很多极端的、不当的言论在网上发布、流传。人在现实生活中的情感漠视与在虚拟世界中的情感张扬，形成一对极具反差性的社会现象而普遍存在。在这样一个特殊的时代背景下，情感发展、情感教育逐渐成为个体基本的生存课题。

党和国家高度重视情感教育在意识形态教育中的作用。2018 年 9 月，习近平总书记在全国教育大会上强调，增强人们的精神力量要着重培养人们坚定的理想信念，崇高的爱国主义情怀，高尚的道德修养，使其成为有大爱大德大情怀的人。在党的十九大报告中，习近平总书记也特别强调情感认同的重要性，提出“把社会主义核心价值观融入社会发展各方面，转化为人们的情感认同和行为习惯”[①] 等。对于共产党人坚定理想信念这一过程而言，理想信念本身就具有鲜明的情感指向，大到对中国梦、社会主义核心价值观的认同，小到对小事小情的关注，都潜隐着深刻的情感内容，具有明显的情感倾向。需要通过情感教育将看似虚无的理想与现实连接起来，将理想信念与时代特征、国情、党情以及人的情感紧密结合在一起，从而引导人树立正确的世界观、价值观和人生观。而情感教育本身也是坚定理想信念的必然手段。理想信念的宣传教育工作作为意识形态工作的重要组成部分，单纯地进行理论传播会使得理想信念教育变成一种机械的说教，通过情感教育循循善诱，比单纯的理论说教更能触及人的心灵，更能够引起人的共鸣，更易于使人接受和认同。因此，坚定理想信念的过程需要情感教育予以启发，要从激发人的情感入手，引导人发现真理、践行真理，不断寻求自我提升，从而能够使人形成崇高的思想观念、政治观念和行为表现。在坚定理想信念的过程中应该更关注人的需要，加强人文关怀和心理疏导，通过情感教育培养个体形成良好信念、美好品质、健全人格和积极行为。

事实上，情感教育贯穿于理想信念教育之中，既是理想信念教育的方法手段，同时也是理想信念教育不可或缺的重要内容，关注受教育者的情感需要，注重对人情感的调动。通过情感教育来激发理想信念的形成，调控理想信念的认识，从而增进人对理想信念的认同。同时，在坚定理想信念过程中的情感教育富有其独特性，使其能够对理想信念的坚定起到特殊的促进作用。在这一过程中，形成了情感教育由内向外作用的三重机理。

一是内在需求机理。个体本身在情感上对理想信念就有强烈的内在需求，在心理上需要一种正向的情感来安定和抚慰自身，尤其是在内心出现迷茫和

① 习近平．决胜全面建成小康社会 夺取新时代中国特色社会主义伟大胜利：在中国共产党第十九次全国代表大会上的报告．北京：人民出版社，2017：42.

困惑时，首先渴望在情感上得到支撑，因此情感是理想信念形成的内在动力。而理想信念能够帮助个体满足自我实现的需要，提高归属感，满足个体一定的基本心理需求，从而带来积极的情感体验。“意识的第一个机构的性质，基本上是感情性的”①，因此理想信念在个体的思想和价值体系中往往也是先以情感的样态出现，当个体因对理想信念的迫切需要而产生强烈的情感时，理想信念可视为一种情感倾向。情感教育具有能够及时发掘主体的内在需求的特点，能够通过进行情感的内在干预满足主体的精神需要，所以进行情感教育有助于及时挖掘和唤起个体对理想信念的内在需求，激发对理想信念内在的情感需要。情感教育在满足个体对理想信念的内在需求的过程中存在两种情况：其一是在没有外来影响时，这种作用表现为潜在的平和，情感能够能动地唤醒和推动人进行主观活动，个体在一定程度上存在对理想信念的内在需求。其二是在有外界刺激和影响的情况下，如果外界刺激与主体的认知相符合、能够满足主体需要，主体就能够在刺激之下产生相应的情感反馈；而当外界刺激违背了主体意愿的时候，由于情感具有一定的能量，会对其产生排斥的情感，可能会在一定程度上引起情感的波动。所以给人以积极的情感刺激，有助于满足理想信念的内在需求。

二是共鸣激发机理。个体在内在产生了对理想信念的情感需求后，还需要通过情感教育进一步激发并引起情感共鸣，从而能够充分调动个体的情感，实现其由内向外的过渡。理想信念本身就容易受到强烈情感的影响，同时情感教育具有感染性的特点和激发同理心的功能，是理想信念认识活动发生的诱因。在个体存在对理想信念的内在需求的基础之上，情感教育能够通过一定的情感刺激个体，及时给予其符合内在需求的情感体验。这种符合个体内在需求的情感，更易被个体接受，从而能够直击人的内心，与其产生情感上的碰撞，同时在这种正向激发的作用下，个体很容易在教育过程中产生强烈的情感共鸣，这种情感刺激为理想信念教育提供了良好的情绪基础。而后在情感共鸣形成的基础之上，情感教育能够继续诱发个体产生与接收到的刺激

① 孟昭兰. 人类情绪. 上海：上海人民出版社，1989：178.

相同的情感因素，从而诱导个体理想信念的萌发。其一是教育者对受教育者情感的激发。教育者在进行理想信念教育活动时，包含深厚的情感，采用丰富的情感手段，晓之以理、动之以情，从而对受教育者起到一定的刺激作用，使其形成对理想信念的初步认识。其二是理想信念教育的内容中本身就蕴含丰富的情感因素，很容易让受教育者深感触动，对受教育者有着一定的刺激作用。其三是教育的情境对在其之内的个体具有一定的激发影响。情感教育需要在一定的教育情境中开展，这样充斥着丰富情感的教育情境必然能够激发、促进理想信念的生成。

三是外在调节机理。实现了理想信念的外化之后，可通过情感教育对其进行外在调控。情感本身具有一定的调节作用，能够对人的思想和行为进行制约和调控。“人的情感体验以满意或不满意的感受状态把人本身的自我感觉、自我评价、自我监督、自尊心、自信心、自制力携带构成一个主体对自己活动关系（物我关系、人我关系等）的内部监控系统”，“由于内部监控作用的客观存在，决定了人不是依据外部世界的客观要求，也不是根据主体自身的原发性需要，而是从内部世界反观自身，理解主体与客体之间各种现实或可能意义的关系，审度其中的利弊。”① 情感能够调动全身的神经网络系统进行工作，并能够促进荷尔蒙的产生，激发出能量，产生行动的动力，有了以情感为基础的内在定力和动力系统，很容易实现对个体行为的调控和指挥。一方面是自我的情感调节。情感作为个体对客观事物的主观体验，通常以肯定或否定、满意或不满意等明显呈两极分化的心理状态表现出来，并很容易转化为一定的情绪，对个体的认识活动起到积极或消极作用，强化或抑制个体的行为活动。所以人在情感体验的过程中，能够有意识或无意识调节自身的行为，在其理想信念出现变化，甚至是产生动摇或偏差的时候，及时察觉，及时调控，从而实现一种自我教育。另一方面是外在的情感干预。情感具有对他人施加影响的效能，是激发人心理活动和行为的动因。我们常说“感人心者，莫先乎情”，其实就是指愉快的情绪体验能够促进和谐的人际关系，构

---

① 朱小蔓. 情感教育论纲. 北京：人民出版社，2007：25-26.

建积极的人生态度，从而能够激发人的热情，并使人从中获得巨大的力量。在理想信念教育过程中，应当增加积极的情感体验，对理想信念进行正向调控，从而引导人树立正确的理想信念。情感教育能够通过以上两种形式对理想信念进行制约和调控，使人对理想信念的内容、目标产生肯定的情感态度，引导其对理想信念树立正确认识，增强个体对理想信念的接受程度和认识程度，优化理想信念生成的最终效果。

三、价值观培育的引领升华

理想信念作为一种意识形态，不是一种停留在浅层次的认知，在根本上，需要上升为一种价值观念，从而保持一种更稳定的形态。这一过程就需要通过价值观培育进行引导和加强，借助价值观培育的思辨方法和教育方式引导人们进行价值体验，加深其对理想信念的价值理解和价值认同，从而实现理想信念在价值层面的提升和内化。

首先，理想信念的形成需要价值观的激励导向提供指引。人的心灵深处需要一种精神向导，价值观恰恰“为人们提供了价值理想、价值目标，进而提供了价值选择标准，为人的行为选择提供了方向和依据”[①]。个体的价值观是个体内在的精神力量，是个体精神活动的中枢系统，为个体从事实践活动提供内在驱动力，是其人生重要的精神追求和精神动力所在。价值观使得个体在心理和行为上都具有明确价值旨归，在一定程度上能够引导个体进行价值抉择，从而约束个体的行为，使其实际行为活动进入既定的价值轨道。一定的价值观可以持久地激发个体对某种价值观念产生强烈的认同心理，甚至对其所指向的价值目标产生强烈的追求欲望。价值观对个体的激励性和导向性，更多地存在于人的潜意识之中，能够使个体不假思索、本能地做出特定的价值选择。当价值取向现实化或对象化的过程遇到阻力时，这种导向性会表现得更为明显，如理想信念出现动摇或偏颇的时候，主体价值观会给予个体一定的精神动力使得个体做出意志努力，使个体表现得更加坚定、执着，

① 吴向东. 论价值观的形成与选择. 哲学研究，2008 (5)：22-28.

给予理想信念更明确的价值旨归，使其回到正确的价值轨道，因此价值观的指引和导向在理想信念的形成和坚定过程中起着不可替代的重要作用。同时价值观具有激发个体热情、为个体提供精神动力的特点。价值观能够根据个体的需要和期望，规划与之匹配的价值目标和价值追求，从而能够激发个体的各种潜在能力，驱动个体发起实践和认识活动，是理想信念从情感上升为精神意志的动力源泉。

其次，理想信念的发展需要价值观的凝聚功能增进共识。价值观作为个体精神世界的核心内容，具有团结、凝聚功能，是社会群体、组织等共同体的黏合剂。群体组织会通过倡导一定的价值观念来塑造和凝聚内部成员，利用价值观特有的亲和力、感召力和凝聚力将内部成员紧密联合在一起，通过价值共识增进群体的向心力，增进组织内部成员的归属感。当今时代，在各种思想文化的冲击与激荡下，我党需要牢牢掌握在意识形态领域的主导权，确保共产党人的理想信念坚定，而价值观因其对社会发展无所不在的影响，在意识形态领域的主导作用越发凸显。价值观以鲜明的感召力和强烈的凝聚力，能够有效地协调、组织和规范社会生活，调解社会矛盾，支配和影响个体的实践活动，是国家向心力和民族凝聚力的重要体现，是国家和社会生存发展的精神支柱。“一个民族，一个国家，如果没有自己的精神支柱，就等于没有灵魂，就会失去凝聚力和生命力。有没有高昂的民族精神，是衡量一个国家综合国力强弱的一个重要尺度。”[①] 正是看到价值观在凝聚共识方面的重要作用，党中央也曾多次强调，要引导社会成员尤其是共产党人树立正确的价值观，利用价值观的凝聚作用推动理想信念的坚定发展。事实上，任何一个社会，都会有意识地向社会成员传递某种符合社会发展需要、凝聚广泛共识的价值观，共同的价值观能够为其成员提供共同的价值理想、价值规范和价值原则，共同的精神价值能够作为一种精神纽带，将每一个个体连接起来。拥有共同的价值观体系，是拥有共同理想信念的前提，通过价值观的凝聚作用能够增进理想信念认同，提高理想信念的向心力，从而能够增加共识，使

---

① 江泽民. 江泽民文选：第2卷. 北京：人民出版社，2006：230-231.

人们在自己的长远利益和根本利益上有共同的目标和追求。

再次，理想信念的稳固需要价值观的稳定性提供力量。价值观作为一种坚定的精神意志，是主客观条件综合作用的产物，具有一定的稳定性，一经形成便构成个体的既定立场或价值坐标、思维框架，表现为一种坚定的精神和执着的态度。价值观能够作为人的精神支柱，能为人提供一种精神的寄托和支撑，一个人的意志是否强大，信念是否坚定，对追求的目标和理想是否有必胜的信心，都与价值观有着密不可分的关系。正确的价值观旨在助力人对理想信念的追求，它在价值活动过程中能够扮演“守门人”或“把关人”的角色。在物质生活极大丰富的今天，社会上充斥着各种各样的诱惑，各种思潮涌动，要保持坚定的理想信念需要一份执着的定力，这往往需要强大而又稳定的价值观作为支撑。通过价值观培育能够形成牢固稳定的价值观，有助于为理想信念的坚定提供力量，在诱惑面前坚守防线。在现实生活中，我们不难发现个人的价值取向总是趋向于社会整体的价值导向，个人的价值认同总是趋向于“认同”社会整体的价值规范，而当人的思想认知与社会主流的意识形态趋于一致的时候，很容易保持稳定，理想信念也是如此。理想信念与社会主流价值观念所倡导的价值理念相一致，社会主流价值观能够对理想信念的坚定产生一定的支撑作用，理想信念则不易发生动摇，同时还能够从社会主流价值观中吸取精华和营养，面临其他意识形态的破坏和冲击时，能够运用既有的、稳定的价值观念予以反击。同时价值观和理想信念是可以相互促进的，稳定的价值观有助于筑牢理想信念，坚定的理想信念也有助于增强价值观自信，在这种互相促进的过程中，实现理想信念和价值观的共同提升。

最后，理想信念的坚定需要价值观自信增进价值认同。“价值观自信是一个国家文化软实力的核心内容，是综合国力的重要组成部分，是一个民族文化心理成熟的重要标志，也是民族自尊心、自信心和自豪感的集中体现。”① 只有确立牢固的价值观自信，才能大大增强文化自信、国家自信、民族自信，

① 陈曙光. 我们的价值观自信从何而来. 辽宁日报，2016-05-31.

坚定信仰、凝心聚力。培育和强化价值观自信能够凝聚思想共识，对增进理想信念认同具有重要作用。牢固的价值观自信代表着个体对社会主导价值观的强烈肯定与认可，在这一基础上自然能够增进其对党和国家倡导的理想信念的认同。因此要通过价值观培育积极引导共产党人认清当前价值观的先进性，强化价值观认同，增强价值观自信。牢固的价值观自信基础，有助于更深入地开展理想信念工作。社会主义核心价值观作为当前中国社会的主流价值观，是中国共产党对中国长期以来社会价值演变的深刻反思和科学总结，也是对新的世界形势和时代特点的深刻把握与科学反映，是对中国优秀传统价值观与新时代社会主义核心价值观的完美整合和创新发展。事实证明，社会主义核心价值观是复兴中华民族的伟大精神支柱和力量源泉，我们需要认清社会主义核心价值观的先进性，在树立价值观自信的基础上，通过开展社会主义核心价值观教育来增进共产党人对理想信念的认同。仅仅让共产党人树立牢固的价值观自信是远远不够的，必须要摸索出让价值观渗透到日常生活中去的有效方法，使之内化于心、外化于行，使价值观培育由抽象到具体、化枯燥为生动，既要注重科学理论的灌输，又要注重人文精神的传承，由此才能够实现在提高价值观自信的过程中，增进对理想信念的认同。

整体上来看，价值观培育能够促使理想信念从理论知识转化为一种思想认识，灵活地运用固化的知识体系来涵养和提升人的精神品质。首先，通过价值观培养能够增进个体对知识范畴上理想信念的理解，破除知识的壁垒，打开裹藏在一个个深奥概念背后的价值逻辑，避免人对知识的认识只停留在死板而僵化的学习、记忆上，将其从理论层面扩展到精神层面，用思想逻辑去解释和理解理论知识，将其进行一定的抽象、概括，进而形成一种以理论为支撑的精神品格；其次，要进行学习的知识体系往往要高于人现有的思想水平，人在进行理论学习后，往往并不能马上将学到的知识内化成个人的精神品质，导致理论虽然丰富，但是精神却仍然匮乏。价值观培育有助于打开人的内心，从理论逻辑上说服人们，提高人对外部信息的接受程度，能够诱发、驱使外在的知识发生内化，化为精神力量指导人们进行实践活动，便于人将理论纳入自己的思想体系。因此价值观培育可以视作对理论知识价值体系化、人格化的一个过程，是人用自己已有的思想观点或价值观念对其进行内化和理解，将其与自己现有的知识结构结合起来，从而真正将理论词条吸纳转化为自身的精神品质。

同时，价值观培育还能够在推动共产党人价值观生成的基础上，将理想信念从朴素情感上升为精神意志。“情感是一种主观体验、主观态度或主观反映，属于主观意识范畴”[①]，具有一定的不稳定性和暂时性，容易受到外部环境的影响，在不同的情境中容易改变或消失，所以停留在情感层面的理想信念难成体系，也不够牢靠。因此，情感的进化需要在价值观培育的引导和调控下，从浅层次的情感逐步转化上升为相应的价值观念，再通过对价值观念不断进行深入的、系统的、全面的、辩证的打磨和锻造，探索各种价值在多个层次、多个角度、多个方向上的相互联系与相互影响，从而能够形成具有多价值层次的、辩证统一的、高度理性的价值判断，使得感性的情感进化成理性的价值观念。理想信念正是如此，需要通过价值观培育，使其从一种朴素的情感上升为精神意志，从一种经验成分上升为科学的认知观念，从而实现对理想信念的一种内化和提升，使其能够更加稳定持久。

四、实践养成的深化巩固

马克思认为“全部社会生活在本质上是实践的”[②]，坚定理想信念的过程本身就是一个实践的过程，通过在实践中不断验证，促进对理想信念的进一步思考，能够加深对理想信念更深层次的认识。“坚定信念的过程是一个与现实相结合、与实践相结合的过程，也是一个不断地接受理想信念教育，并自觉地对理想信念进行深入思考的过程。”[③] 就理想信念的发生过程而言，对理想信念的认识需要在实践中不断深化，理想信念的坚定与否也需要在实践中检验。换言之，只有在实践养成的过程中推动理想信念，达到理论与实践的

① 黄彦华. 近代西方情感主义伦理学与道德教育. 上海：复旦大学，2014：11.
② 马克思，恩格斯. 马克思恩格斯选集：第1卷. 3版. 北京：人民出版社，2012：135.
③ 刘建军. 关于理想信念教育的几点理论思考. 教学与研究，2004（11）：14-15.

融会贯通、思想与行为的协调一致，才能实现真正意义上的理想信念坚定。

实践养成促使理想信念从思想认识到身体力行。习近平总书记多次强调，“空谈误国，实干兴邦”，“大道至简，实干为要”，“社会主义是干出来的”，“撸起袖子加油干”。这些话既体现了世界观和方法论的有机统一，又体现了知与行的有机统一。理想信念不能只拘泥于书本和理论，更要进一步落实到实践当中，在实践中不断深化巩固，这就需要通过实践养成来促进理想信念由知到行。“知者行之始，行者知之成”，实践的发展与认识的深化本身就是相互作用、相辅相成的关系。“信念不仅仅是内心的相信，而且要表现为行为和实践”，“信念是一个复合性整体，是人的认识、情感、意志的统一体或‘合金’。”[①] 理想信念的坚定需要先在思想认识的基础上，使其向内心内化、拓展、深化，然后通过实践使理想信念实现由内而外的外化，最终将社会共同理想外化为服务于社会的具体行为。理论的生命力在于实践，在于能否有效地解决现实问题。增强理论认识，就必须始终把实践放在第一位，发扬“明理致用”“笃行践履”的务实精神，发扬实践探索与理论创新有机结合的历史经验。马克思曾论述了无产阶级要完成自己的历史使命必须掌握革命理论同革命实践相统一的思想[②]。理想信念可以通过实践养成来实现理论与实践的融会贯通，把理论真正转化为认识世界、改造世界的能力。加强理想信念教育要坚持理论性与实践性的统一，把理论知识与实践经验结合起来，把理论武装与实践育人结合起来。

实践养成能够推动理想信念的知行一致。现阶段人们对理想信念的态度普遍存在着知行不一的现象。在面对国家主权问题以及重大政治事件时，人们往往表现出高涨的爱国热情和一致对外的决心、对国家和党的信任认可和对中国特色社会主义的强烈自信等一系列积极情绪，意识形态工作颇见成效。但是在现实生活中，对理想信念的坚定似乎只停留在口头，并没有明显体现出实践成效。这种精神上高潮与行动上停滞的矛盾现象，在当前社会普遍存在，是理想信念知行不一的集中体现。人内心的认识活动应当与人的行为活

① 吴潜涛. 正确理解理想信念的科学含义. 教学与研究，2011（4）：5-9.

② 马克思，恩格斯. 马克思恩格斯选集：第1卷. 3版. 北京：人民出版社，2012：865.

动相统一，但是事实上，往往人在思想上有了认识之后，并不会马上在行为中完全体现出来，而是要经历一个实践养成的过程。在实践过程中，人的行为活动逐渐和思想认识达成一致，从而实现理想信念的知行合一。理想信念知行不一的现象，归根结底还是因为认识的程度不够，对理想信念的认识只拘泥于表面，并没有更深层次的理解与认同，所以在实践中面对实际的困难和诱惑时，才会被人的惰性和软弱操控，从而逃避采取行动，或做出与自己的思想认知不一致的举措。这种现象需要引起广泛关注和重视，通过实践养成来深化对理想信念的认识，在实践的过程中能够更直观地感受理想信念的深刻意蕴，同时在实践中取得成就感和获得感的过程，也有利于加深对理想信念的认识，逐渐缩短思想与行为之间的距离，从而达到思想和行为上的同步，在真正意义上实现理想信念的知行一致。

实践养成最终使得理想信念从实践升华到思想认识。认识的过程本身就是一个在实践中不断深化、不断提升的过程。正如毛泽东在《实践论》中所阐述的："实践、认识、再实践、再认识，这种形式，循环往复以至无穷，而实践和认识之每一循环的内容，都比较地进到了高一级的程度。"① 理想信念的认识能够作用于实践活动，在实践中检验、丰富和完善后，还要进一步回归到思想认识，实践和认识就是要在这样的循环往复的过程中不断深化。"实践决定认识，实践是认识的来源，精神生产实践是对客观事物本质和客观规律思考的过程"②，这个过程本身就是对人的精神生活的丰富，提高人的认识能力和水平，为认识指导实践奠定基础。以知促行，以行促知。要坚持知行合一，"不断让思想自觉引导行动自觉、让行动自觉深化思想自觉"③，以新的思想认识推动实践，又以新的实践深化思想认识。在实践中总结经验，吸取教训，从而进一步实现在认识上的超越和提升。

---

① 毛泽东．毛泽东选集：第1卷．2版．北京：人民出版社，1991：296-297.

② 冯刚，王栋梁．实践育人创新发展的理论思考和实现路径研究．学校党建与思想教育，2017(15)：6-12.

③ 习近平．在党的群众路线教育实践活动总结大会上的讲话．北京：人民出版社，2014：9.

第五章 新形势下共产党人坚定理想信念的实践进路

基于对新形势下共产党人坚定理想信念的客观规律的研究把握，直面中国特色社会主义进入新时代的现实语境，究竟如何推动共产党人不断坚定理想信念，并在规律把握的基础上优化具体的实践进路，是推动理想信念外化过程中面临的核心问题。基于此，本章从新形势下共产党人坚定理想信念的内在规律出发，着眼新形势下的新问题、新挑战，探索在新时代语境下，共产党人坚定理想信念的具体实践进路。

第一节　抓好精神品质培育的关键环节

如前所述，培育共产党人坚定理想信念的精神品质，是推动共产党人在新形势下自觉坚定理想信念的关键所在。而培育精神品质，就要重点抓好政治品质、道德品质与个性心理品质三个重要维度。在政治品质上，应着眼中国共产党的基本属性问题，强化共产党人的党性修养；在道德品质上，应着眼道德维度上的关键问题，陶冶共产党人的道德情操；在个性心理品质上，应着眼共产党人个性中的共性问题，不断淬炼共产党人的意志品质。

一、强化党性修养

习近平总书记指出，党性教育是培养共产党员的核心，并强调，“党性修养、思想觉悟、道德水平不会随着党龄的增加而自然提高，也不会随着职务的升迁而自然提高，而需要终生努力”[①]。党性教育是党员教育的永恒主题，党性教育作为党的建设，特别是树立党员理想信念的重要内容，应以新的理念、新的举措，步入新时代。

首先，牢固树立终身学习的理念。列宁曾论述道：“我们一定要给自己提出这样的任务：第一是学习，第二是学习，第三还是学习。”[②] 学习是共产党人始终保持先进性的重要举措。党的十九大提出“建设马克思主义学习型政

① 习近平．习近平谈治国理政：第1卷．北京：外文出版社，2018：417.

② 列宁．列宁全集：第43卷．2版增订版．北京：人民出版社，2017：384.

党，推动建设学习大国”[①]，党的十九届四中全会指出“全面贯彻落实习近平新时代中国特色社会主义思想，健全用党的创新理论武装全党、教育人民工作体系，完善党委（党组）理论学习中心组等各层级学习制度”[②]。共产党人只有通过不断学习各方面的知识，丰富自己的头脑，才能树立科学正确的世界观、人生观、价值观。在党员的工作中会涉及政治、经济、文化和科学等各个方面，不仅任务重，而且在推进社会主义政治文明建设的新形势下，新情况新问题更是层出不穷，对学习的要求更高、更紧迫。共产党人需要牢固树立终身学习的理念，始终把学习作为一种追求、一种责任、一种生活方式，博取广采地掌握新知识，积累新经验，增长新本领。要认真学习习近平新时代中国特色社会主义思想，进一步提高政治理论水平，学会运用马克思主义的立场、观点和方法观察世界、认识社会，以科学的政治理论武装头脑。通过学习不断增强党的观念、法制观念、全局观念、群众观念和责任观念，提高自身适应本职岗位工作的水平和能力。另外，共产党人还要加强对党的基本理论、基本知识以及党的各项纪律、规定的学习，经常重温党的各项制度、规定，增强自己遵纪守法的自觉性，坚定对马克思主义与共产主义的信念，从而打牢党性修养的基石。

其次，勤于投身各项社会实践活动。人类社会的发展不同于自然历史过程，是一个具有能动性的实践过程。共产党人要提高自己的认识能力和工作能力就必须积极投身于各项社会实践活动，在实践中去运用、检验和丰富所学的理论。刘少奇同志在《论共产党员的修养》中指出：“革命者要改造和提高自己，必须参加革命的实践，绝不能离开革命的实践；同时，也离不开自己在实践中的主观努力，离不开在实践中的自我修养和学习。”[③] 作为一名共产党人，加强实践，就是要在自己平凡的岗位上不断加深对党的性质、宗旨、纲领的认识，始终保持党的先进性，时刻把群众的安危冷暖放在心上，深怀

---

① 习近平．决胜全面建成小康社会 夺取新时代中国特色社会主义伟大胜利：在中国共产党第十九次全国代表大会上的报告．北京：人民出版社，2017：68．

② 中共中央关于坚持和完善中国特色社会主义制度 推进国家治理体系和治理能力现代化若干重大问题的决定．北京：人民出版社，2019：23．

③ 刘少奇．刘少奇选集：上卷．北京：人民出版社，1981：99．

爱民之心，恪守为民之责，善谋富民之策，多办利民之事。通过平凡的工作，不断推动当代中国先进生产力和先进文化的发展，不断维护和实现最广大人民的根本利益。理想要想变为现实，需要付出艰苦卓绝的努力，需要把远大的共产主义理想同今天的各项工作紧密结合起来，把对共产主义理想的坚定性，体现在为实现党的基本纲领而奋斗上，体现在努力做好本职工作上，体现在为实现党的各项工作任务、推进建设中国特色社会主义的现实实践中。不要做不切实际的空想家，而要做脚踏实地的实干家，才能成为一个政治上成熟的党员，自觉地为建设中国特色社会主义而努力奋斗；才能用马克思主义的立场、观点、方法认识世界，站得更高，看得更远；才能坚持“立党为公，执政为民”的宗旨，心中始终装着人民群众；才能经得起社会带来的各种考验，做到利益面前方寸不乱，诱惑面前人格不丢，人情面前原则不变，始终保持共产党人的情操和品格；才能立足于当前正在做的事情，全身心地投入各项建设事业之中，脚踏实地地做好自己的本职工作，在各自的岗位上充分发挥先锋模范作用。

再次，坚决以党纪约束自身行为。增强党性修养，提高思想觉悟，筑牢共产党人的理想信念，需要用严格的标准来约束和规范自身，这就需要一个有着严明纪律的党组织作为根本依托。习近平总书记在党的十八届三中全会上明确要求，要严明党的组织纪律，增强组织纪律性。在党的纪律建设方面，有“党性原则和党的纪律不存在‘松绑’的问题”[①] 的著名论断。这一论断，对当下加强党的纪律建设仍然具有很强的现实意义。党员能够严格遵守党的纪律，党员的先锋模范作用得到充分发挥，党的凝聚力和战斗力得到充分的保证，那么共产党人的党性修养必然得到保障。关于遵守纪律的具体要求，陈云同志曾经讲过：“遵守纪律不是在口头上，而是在实际行动上”[②]。遵守党的纪律，就要自觉地按照党的各项纪律进行社会实践。《淮南子》有言：“矩不正，不可以为方；规不正，不可以为圆。”守纪律，讲规矩，一直是共产党人的重要底线。共产党人应以严格的纪律约束自己，做到行有所止，时刻以

① 陈云. 陈云文选：第 3 卷. 北京：人民出版社，1995：275.
② 陈云. 陈云文选：第 1 卷. 北京：人民出版社，1995：125.

党规党纪要求自己、约束自己，保持共产党人清正廉洁的作风形象。

最后，培养艰苦奋斗的精神和朴素作风。党的作风建设是加强党性修养的重要手段。习近平总书记曾反复强调“实现中华民族伟大复兴是一项光荣而艰巨的事业，需要一代又一代中国人共同为之努力。空谈误国，实干兴邦”①，也就是说伟大梦想的实现需要艰苦奋斗的精神。毛泽东、周恩来、邓小平等老一辈革命家以身作则，无论任何时期始终发扬艰苦奋斗的精神，日常吃穿用度严禁奢靡之风，一生艰苦朴素。中国共产党人作为中华民族的领路人要增强劳动教育，培养自身努力奋进的精神。艰苦奋斗精神作为中华民族的优良传统之一，是我国劳动人民代代相传的美德，更是中国共产党的传家宝。艰苦奋斗在不同的历史时期有着不同的内涵，并非权宜之计，如此品质应贯穿人类社会发展的始终。共产党人在工作中，要有埋头苦干、责无旁贷的实干精神和顾全大局的核心意识；在生活上，要展现励精图治、克勤克俭的处事方式；在学习上，要发扬追求真理、创新进取的探索精神。

二、陶冶道德情操

早在古代中国，优秀道德思想当中就有“修身、齐家、治国、平天下”的论断。这一论断将提高自身的思想道德修养放在首要位置，可见树立正确的思想道德观念，是做人、做事的基本前提。共产党人要陶冶道德情操，解决好世界观、人生观、价值观的问题，才能把握控制好思想源头，才可以从根本上提升共产党人的思想境界。

筑牢思想防线，夯实共产党人道德修养的基础。“思想上松一寸，行动上就会散一尺。”筑牢思想防线是党员对自我身份认知的一种保护手段，能确保在任何时候、任何情况下，不移其志、不迷其心、不忘其本。思想防线就是要把住第一次，守住第一道防线。共产党人应谨防“温水煮青蛙”的倾向性案例，不断筑牢思想防线，强化学习意识，将学习作为一种政治责任、一种生活习惯。通过系统地学习党的十八大精神、中央八项规定、《中国共产党纪

① 习近平．习近平谈治国理政：第1卷．北京：外文出版社，2018：36.

律处分条例》、《习近平关于严明党的纪律和规矩论述摘编》等党和国家的重要文献，明确共产党人在实践过程中的“底线”与“红线”，夯实共产党人道德情操的基础，提升严于律己的品质。

常修为政之德，保持共产党人高尚的人格魅力。“为政以德，譬如北辰，居其所而众星共之。”新时代，推动党和国家各项事业，关键在人，其要领在于共产党人以德修身、以德领才，常修为政之德。陶冶党员道德修养，在修习政治品德的过程中，要在自觉遵守政治规矩的基础上，用马克思主义理论和各种科学文化知识提高自己的思想境界、提升自己的道德修养。党员必须牢固树立“四个意识”，坚定“四个自信”，坚持“四个服从”，用习近平新时代中国特色社会主义思想武装头脑、指导实践、推动工作，切实按照优秀共产党人的标准严格要求自己，从根本上坚定共产主义理想，坚定对中国特色社会主义的道路自信、理论自信、制度自信和文化自信，自觉做“心中有党、心中有民、心中有责、心中有戒”的表率，始终保持共产党人高风亮节的人格魅力。

心存底线原则，坚持自觉树立良好的道德形象。心存道德底线，说到底是树立和坚持正确的立场、世界观的问题。在这一过程中，加强道德修养是关键。加强道德修养，概言之，是要遵守社会公德，奉行职业道德，维护家庭美德，把提高道德修养作为终生的任务去认真完成。同时还要加强知识修养。一个人想有所作为，必须要有较高的精神境界，而精神境界的高低又往往与学识的深浅联系在一起。学识渊博了，思考问题的方式就有更多面，精神境界也就会高起来。反之，就必然会造成内心空虚，甚至可能滑向颓废堕落的深渊。实践也证明，渊博的学识确实可以开阔人的视野，陶冶人的情操，提高人的鉴赏水平，将人带入较高的思想境界，对增强党员“免疫力”，提升党员形象，具有极为重要的作用。共产党人要不断提高道德修养，就要时刻注意以德修身、以德立威、以德服众，在道德修养方面成为民众的表率。值得注意的是，对共产党人而言，陶冶道德情操的重点在于“慎独”。保持“慎独”精神，对我党的精神品质培育尤为重要。做到“慎独”，既要实时进行自我反省，以理想信念的标准进行自我要求、自我审视；也要进行自我克制，在理想与现实的争端与挑战中坚守自我价值底线。道德之于个人、之于社会，都具有基础性意义，共产党人在工作生活中要加强陶冶道德情操、提升精神境界，学理论、德为先、守底线，努力以道德的力量去赢得民心、赢得党的事业成就。

三、淬炼意志品质

个性心理品质之间存在着共性问题。新形势下，部分党员存在着意志薄弱、担当精神不足等问题，这些问题归根结底是共产党人的意志品质不够坚定。基于此，推动共产党人坚定理想信念，就要不断磨砺意志、淬炼品质，加强对共产党人的人文关怀与心理疏导，推动共产党人在现实的、具体的实践中实现自我提升。

完善政策制定，实现理论学习的制度化。政策制定的重要意义在于为共产党人坚定理想信念提供坚实保障。新形势下，复杂的国内国际环境、多样的社会思潮等一系列影响因素使得共产党人在开展理论学习时趋向于敷衍化、随机化。而理论学习恰恰是共产党人坚定理想信念的前提基础，需要以规范化、科学化的方式进行开展，从而确保共产党人能够将理论学习常态化、生活化。因此，应在中央政策文件的基础上，规范和健全各级党组织的学习政策与学习机制。将理论学习以政策化、制度化的方式确定下来，使共产党人能够在自觉、主动的理论学习中，强化思想淬炼。在政策上，对共产党人理论学习的目标、内容、方式进行具体规定，使共产党人开展理论学习的整个过程能够有章可循。在机制上，建立健全完善的学习机制，通过充分调动共产党人的积极性，优化共产党人进行理论学习的考核方式，提升理论学习的效果。以“学习强国”平台为例，用户可以通过这一平台完成日常网络学习，并且能够查看积分排名，使共产党人能够充分利用手机应用自觉学习党内推送的日常理论知识，同时增强了共产党人时常关注我国经济社会发展样态的主动性。教育引导党内成员自觉贯彻习近平新时代中国特色社会主义思想，做到学习、贯通、落实，用与时俱进的理论成果武装头脑，切实增强“四个意识”，坚定“四个自信”，做到“两个维护”，扎实推动党的理论创新成果根深蒂固。运用学习平台推进理论学习的实际效果，通过网络载体创新党的组织领导方式，增强全党上下的凝聚力。推进理论学习常态化、制度化，为圆满完成党内各项工作任务提供有力的政策保障。

丰富实践载体，推动实践养成的体系化。“真知即所以为行，不行不足谓之知”，知与行要相互贯通和促进。坚定的意志是要在艰难困苦的环境下不断实践和磨砺得来的，因此在推动共产党人坚定理想信念的过程中，应该按照《中国共产党章程》（党章）的规定，采取科学灵活的方式，紧密结合共产党人实际工作需要，组织合理的实践活动。可通过茶话会、体育、文娱等活动形式开展，比如：坚持“三会一课”，加强党性，做到对党的基础知识、时事热点、科教文化等的融会贯通，坚守共产党人信仰信念宗旨，保持良好精神状态，为党的事业担当作为；开展“重温入党誓言”“学习英模事迹”等主题论坛，通过针对困难地区或弱势群体开展的“献爱心”活动，充分调动共产党人服务人民的积极性，在生活实践中切实发挥共产党人的实干精神，增强共产党人的荣誉感、责任感和使命感；如有条件可以与其他党支部联合开展“党的知识”竞赛、辩论赛，或者举办有益于共产党人身心健康的体育活动。需要注意的是，在开展相关实践活动时要始终本着为人民服务的宗旨行事，同时要制定出活动形式新颖、活动内容有意义、活动效果显著的策划方案，并按照实际情况实施进行。将各个单位组织的年度工作目标融入活动当中，保证全党上下积极有效参与，并且在活动期间对表现出色的同志进行表彰，让其分享经验并及时推广。最后，党内所制订的活动需要有难易程度变化，使党员在由易到难的计划中应对问题，迎难而上，不断克服困难，培养共产党人的坚韧性。

实现自我提升，确保自我革命的常态化。人的意志品质的形成不仅受到周围人的影响，而且更重要的是依靠自我教育和自我锻炼的结果。中国共产党作为中国特色社会主义的领航人，要保持定力，要有沉着稳健的实际行动和直面难题的从容不迫。共产党人要培养政治定力，面对复杂多变的国际局势坚定中国立场，明辨是非曲直，始终与党中央保持高度一致，在关键时刻做到积极响应。共产党人要培养工作定力，通过行动塑造自身魅力，在遇到难以化解的矛盾时，要敢于直面矛盾、层层化解矛盾、致力于解决矛盾，尽职尽责，不断磨砺意志品质，增长自身才能，成为本职岗位的“能力者”。共产党人要培养生活定力，在日常生活中树立正确的世界观、人生观和价值观，自觉抵制消极做派，培养高尚的生活情趣，不断提升思想境界。同时，无论何时何地始终牢记自己是共产党人的身份，始终将“三严三实”牢记于心，为自觉加强自身修养指明方向，脱离低级趣味。需要注意的是，人的意志有差异性，所以要根据意志的不同，采取不同的培养措施。例如，对于行为草率、人云亦云的党员，要及时启发他们看待事物的思考方式；对于遇事瞻前顾后、一团乱麻的党员，要培养他们直面问题的勇气；对于缺乏忍耐力和自制力的党员，要善于激发他们克服困难的信心。总之，提升党员能力要将良好的外部环境与积极的内部条件结合起来，坚定党员定力。

第二节　化解精神历程中的主要矛盾冲突

习近平总书记强调，党员领导干部要“敢于担当责任，勇于直面矛盾”①。在共产党人坚定理想信念的历时态发展进程中，既要在主体维度化解个体诉求与集体需要之间的矛盾，也要在个体形成的内外过程中，达成外部规范与内在觉解的高度一致，还要在个体理想信念形成的线性维度上，达成观念认知和行动自觉的有机统合。

一、个体诉求与集体需要的矛盾化解

针对“个体诉求与集体需要”之间的矛盾，关键在于抓住共产党人坚定理想信念的情感共鸣点，找准集体需要向党员个体诉求转化的关键环节，激活和唤醒共产党人的使命感和责任感。共产党人的自我价值实现，是自己对自己所应承担的责任，在本质上是为了确切地证实自己是“共产党员”这个

① 中共中央文献研究室．习近平关于全面从严治党论述摘编．北京：中央文献出版社，2016：158.

身份而进行的自我提升和自我实现，是为了达成自己作为党员独特价值的需要。作为一名党员，应当把自身命运与党和国家的命运联系在一起，坚定人民至上的价值取向，将自身理想与党的理想紧密联系在一起，不忘初心、牢记使命，为人民谋幸福，为民族谋复兴，为世界谋大同，在党的事业中实现自我价值。

首先，认清个人诉求的实现要以集体利益的保障为基础。作为具有社会属性的自然人，每个人都应该具备集体利益至高无上的正确价值观，只有这样才能凝聚每个人最大的能量，实现集体利益的最大化。显而易见，集体利益与个人诉求是相辅相成、密不可分的，具有辩证统一的关系。“一切为了群众，一切依靠群众，从群众中来，到群众中去”① 是党的生命线和根本工作路线。简单来说，群众是集体，自己是个人。党员要始终牢记，坚持党的群众路线，是党在长期革命和建设中制胜的法宝。共产党人应该把国家利益、集体利益放在第一位，个人利益放在第二位。“俏也不争春”，这是一种看淡个人利益的人生境界。而且，集体荣誉也是个人价值的有力体现。个人价值只有在社会集体中才能够得到充分体现，“英雄无用武之地”就是说有才能却没有机会施展，可见集体对于人释放才能的重要性。人生至高的价值追求是通过自身价值的施展为集体获取利益，应培养党员对于集体利益与个人诉求是内在统一的正确认识，在面对集体利益与个人利益的选择时泰然自若，积极为集体利益奉献个人力量。集体荣誉与个人荣誉都是对进步的一种精神追求，集体荣誉是个人付出的总和，个人荣誉也是对个人价值的认可，二者是内在统一的。作为中国共产党的一员，要将集体荣誉放在首要位置，将心态摆正进而发挥自身主观能动性，在集体荣誉中实现个人价值。在集体的不断发展中扩大个人才华得以施展的空间领域，将对集体荣誉与个人荣誉的追求最终统一于一心为党的具体行动中，在党的建设过程中施展个人价值。

其次，正确理解权利与义务的关系。党员的义务是对党员的一种规范和约束。共产党员应按照规定在党内承担相应的义务，保证全党在思想上和政

① 中共中央文献研究室．十一届三中全会以来党的历次全国代表大会中央全会重要文件选编：上．北京：中央文献出版社，1997：204.

治上始终步调一致，保证我党永葆旺盛的生命力和强大的战斗力；相反，若是有个别党员不能够正确履行党员义务，就会使我党的战斗力大打折扣，因个别党员不能够认真对待党员义务导致整体党组织利益受损是十分得不偿失的结果。所以，每一位党员，不论其职位高低、年龄长幼、贡献多少，都要有自觉履行党员义务的意识。并且党章明确规定了党员义务是衡量党的积极分子的必要条件，是一名合格党员的重要参考标准。也就是说，每一位党员应该将党员的八项义务铭记于心，做到时时自警，严格要求自己履行党员义务。针对当前一些党员干部缺乏履行义务的自觉性，还存在以权谋私、贪图享受、不思进取、脱离群众等现象，我们要切实开展批评与自我批评，从政治觉悟、组织纪律、思想作风、道德修养、业务学习等方面全面履行党章规定的各项义务，使自己成为一个合格的共产党员。马克思曾经说过："没有无义务的权利，也没有无权利的义务。"① 义务和权利之间是互为条件、相互联系、相辅相成的关系，两者都统一于党和人民的根本利益。

二、外部规范与内在觉解的矛盾化解

针对"外部规范与内在觉解"之间的矛盾，应着重探究理想信念从外部规范向党员内在意识甚至无意识转化的实现机理，推动理想信念与党员个体信念信仰系统的统一融合。列宁曾指出："从革命理论中能取得一切信念。"②在遵循党的制度要求中，提高共产党人自身的思想觉悟。

一是要在学习中夯实思想，筑牢根基。党员加强学习，第一位就是要学好党章。党章是党的根本大法，是全党必须遵守的外部规范，是全体共产党人理想信念的基础，是指引党从一个胜利走向另一个胜利的伟大旗帜。新时代共产党人要把学习党章作为经常性工作来抓，强化党章意识，以党章为镜鉴，真正树立起行为规范的根本标尺。首先要认真学习马克思主义理论，增强贯彻执行党的基本路线的自觉性。习近平总书记指出："马克思主义是我们

---

① 马克思，恩格斯．马克思恩格斯全集：第21卷．2版．北京：人民出版社，2003：17．

② 列宁．列宁选集：第1卷．3版修订版．北京：人民出版社，2012：274．

立党立国的根本指导思想。”① 马克思主义是指导中国共产党的思想基础，全党上下要始终坚持马克思主义绝不动摇，尤其是要坚定其在意识形态领域的指导地位。作为中国共产党员，应在中国特色社会主义建设的伟大进程中，学习并掌握好马克思主义理论，根据党的基本路线，结合实际情况将科学理论自觉转化为能力素质。通过学习领悟到精神实质，坚持正确的政治方向来指导自身思想和工作实践，提高解决实际问题的能力。其次要坚持全心全意为人民服务的宗旨，密切联系群众，廉洁奉公，坚决同各种腐败现象做斗争。每个党员都必须牢固树立全心全意为人民服务的思想，按照党章规定严格要求自己，坚持真理，密切联系群众，奉公守法，切实开展批评和自我批评，及时找出工作和生活中的不当行为，从而补偏救弊，真正做到全心全意为人民服务，而不是为个人或少数人谋私利，自觉抵制拜金主义、个人主义和腐朽生活方式的侵蚀，敢于同一切危害人民利益的行为及各种消极腐败现象做斗争。

二是要在环境中明辨是非，划清界限。今天，中国的发展进步举世瞩目，中国国际地位和影响日益扩大。但敌对势力仍抱着冷战思维不放，将中国崛起视为对西方制度模式和价值观的威胁和挑战。意识形态领域的复杂斗争、社会思想文化的多元多变，对党员干部明辨是非的能力提出了现实紧迫的要求。共产党员必须在加强学习中增强政治敏锐性和政治鉴别力。坚持以马克思主义科学理论为望远镜和显微镜，在是非面前旗帜鲜明，风浪面前毫不动摇，诱惑面前保持定力。首先要严格遵守党的政治纪律，坚决维护党中央的权威。党的战斗力来自党的团结和统一，为保证建设中国特色社会主义事业的顺利发展，党的基本路线和各项方针政策的贯彻执行，关键是保持全党在思想上政治上的高度一致和在组织上行动上的高度统一。共产党人尤其是党的领导干部在任何情况下，都要坚定正确的政治方向和政治立场，要自觉地在思想上、政治上、行动上同党中央保持高度一致，自觉地维护党中央的领

① 中共中央党史和文献研究院，中央“不忘初心、牢记使命”主题教育领导小组办公室. 习近平关于“不忘初心、牢记使命”论述摘编. 北京：中央文献出版社，2019：69.

导权威，正确处理局部与整体、眼前与长远的关系，确保中央政令畅通。共产党人讲党性，讲修养，重要的一条，就是要遵守党的组织原则和政治纪律，维护党中央的权威，贯彻执行党的路线、方针和政策。其次是锻造担当精神，保持积极向上的心态和百折不挠的韧性。改造世界观是党员终身的“必修课”，每个党员干部都应扪心自问，能否做到平常时看得出、关键时站得出、危机时豁得出。有的党员干部惰性不改，精神懈怠；有的遇到问题一筹莫展、束手无策；有的整天不愿做事，无所事事。解决这些问题，需要加紧锻造担当精神，激发血性，摆脱惯性，保持韧性，锤炼党性。最后是树立终身学习的理念，实现自我超越，坚定信仰基础。管理学家彼得·圣吉在其著作《第五项修炼》中指出，“自我超越的意义在于以创造的，而不是以反应的观点，来面对自己的生活与生命。自我超越不是一个人所拥有的某些能力，而是一个学习的过程，一个终身的修炼。”① 当代共产党人要经受住市场经济与执政的考验，要防腐拒变、抵御风险。做一名符合时代要求和令人民满意的合格共产党员，就必须像刘少奇同志在《论共产党员的修养》中所指出的那样，“为了保持我们无产阶级的先锋战士的纯洁，提高我们的革命品质和工作能力，每个党员都必须从各方面加强自己的锻炼和修养”②。只有这样，才能实现“自我超越”，在改造客观世界的同时，改造自己的主观世界，成为全心全意为人民服务、为实现共产主义奋斗终身的“先锋战士”。

三是要在实践中觉悟思想，提升境界。恩格斯说：“一个民族要想站在科学的最高峰，就一刻也不能没有理论思维。”③ 作为新时代的党员，要自觉将学习贯彻习近平新时代中国特色社会主义思想作为一种基本要求，着力提高思想政治水平，坚定不断为党为民勇往直前、不懈奋斗的精神动力，自觉在思想上与党中央决策部署保持步调一致，积极为更好地构筑中国精神、中国价值、中国力量添砖加瓦。首先是在大是大非的困境中锻炼高尚的人格品质。人格品质是一个人思想品质、道德水平、精神境界的综合反映，是对共

① 圣吉. 第五项修炼. 郭进隆，译. 上海：上海三联书店，1998：169.

② 刘少奇. 刘少奇选集：上卷. 北京：人民出版社，1981：103.

③ 马克思，恩格斯. 马克思恩格斯选集：第3卷. 3版. 北京：人民出版社，2012：875.

产党人党性修炼的基本要求。共产党人应在当下纷繁复杂的国际国内环境中时刻保持警惕，防止西方个人主义思想侵蚀自身，始终做到在大是大非面前做出正确抉择，做到对党忠诚，言行不二；对待群众感同身受，抱诚守真；面对不公不法的事件时，要勇于挺身而出；待人处事，杜绝出现厚此薄彼的行为，要讲真言、行好事，一身正气；尤其是在处理国家、集体和个人三者之间的关系时，要正确对待公与私，自觉服从国家和集体利益，为实现中华民族伟大复兴的中国梦而慎身修永。其次是在基层群众中磨砺公仆意识。党的宗旨是全心全意为人民服务，共产党员要深刻认识到党员性质，并且站在群众的角度思考和解决问题，手中的权力是人民所给予的，所以要“还权于民”，将手中的公权运用在服务人民的事业当中。尤其是要深入基层群众中去，了解群众的日常生活，发现群众生活中的主要矛盾问题。还要敢于到艰苦、复杂的地方岗位上，练就过硬本领，锤炼自身品格，在群众的监督下发挥真才实学，展现出一名合格党员应有的先锋模范作用，用实际行动诠释为人民服务的宗旨。共产党人不仅要树立服务意识，还要树立奉献意识。不谋私利，与人民群众同呼吸、心连心，全心全意在本职岗位上做有利于人民群众的事情，展示党员的担当精神，造福于民，让人民群众真切感受到党和政府的温暖。最后是在现代化建设进程中保持昂扬向上的进取精神。共产党人的先进性，最终要落实到完成党赋予的光荣使命上。共产党人应顺应时代进步潮流，在建设社会主义现代强国的过程中，用工人阶级先锋队的一切优良特性来塑造自己，保持和发挥党员的先锋模范作用，自觉应对日益激烈的市场竞争挑战，积极探索有利于中国特色社会主义发展的有益因素，善于运用所学知识在充实自身的基础上正确解决社会发展中的各种矛盾，与时俱进，勤于创新，始终站在时代的前列。

三、观念认知与行动自觉的矛盾化解

针对“观念认知与行动自觉”之间的矛盾，研究如何通过增强党员行为意向水平，推动理想信念从“说法”“想法”变成党员日常生活中的“做法”“活法”。“理想不付诸行动将是一团缥缈的雾，船帆不挂上桅杆将是一团无用

的布。”[①] 如果只是认识到理想信念的重要性，而不付诸实际行动，那一切都是空中楼阁。习近平总书记强调，要“使广大党员平常时候看得出来、关键时刻站得出来、危急关头豁得出来，充分发挥先锋模范作用”。

要消除在履行党员义务方面存在的模糊认识和思想障碍。所谓党员义务，是指党章规定的、要求每个党员对党应尽的责任，是一种规范和约束。在不同历史时期，党员义务的内容不尽相同，但党员必须履行义务却是永远不变的。第一，认真履行党员义务是一个合格党员的必然要求。在群众心中，合格党员往往平常时候看得出来，关键时刻站得出来，危急关头豁得出来。要认识到共产党员是一种政治称号，具有自己的政治使命，要完成政治使命，需要特定的政治形式，正确履行党员义务就是其中的形式之一。第二，习近平总书记指出，学习马克思主义基本理论是共产党人的必修课，证明了马克思主义基本理论对于中国共产党人的重要意义。巩固自身理论知识和道德修养需要穷源溯流地感悟马克思主义的精神力量，真正补足精神之钙，对马克思主义理论的产生探本溯源，始终坚持对马克思主义基础理论的恪守，始终保持对马克思主义道德和社会主义事业的坚定信念，坚决对党和人民坚信不疑和奉行不悖，面对问题能够自觉运用马克思主义理论正本清源，从而成为一名优秀的共产党员。第三，认真学习马克思列宁主义、毛泽东思想、邓小平理论、“三个代表”重要思想、科学发展观和习近平新时代中国特色社会主义思想，这是无产阶级的世界观和方法论，是党的指导思想和行动指南。尤其是在新形势下对习近平新时代中国特色社会主义思想的学习是当务之急，共产党人要充分认识和掌握好这一理论武器，运用其立场、观点、方法分析和解决共产党人面对的复杂问题和挑战，从而增强履行党员义务的坚定性和自觉性。

要在保持正确认知的同时提高业务技能。当今是网络数据化的时代，科技的提升使得获取知识的方式唾手可得。共产党人面对新形势、新任务、新要求，要时刻有一种紧迫感，要不断地探索和研究，努力掌握新知识、新本领，只有这样，才能更好地适应新形势、新任务、新要求的需要，做好本职

① 黄宏，盖立学. 大庆精神. 北京：人民出版社，2012：275.

工作。党员不仅要深入学习科学文化知识，用专业知识武装头脑，更要在学习中有目的、有方向，尤其是增强思想层面理想信念的学习，强化思想的先进性。因此，党员的理想信念也可通过学习和实践得到提升，推进自身能力建设。在推进能力建设的同时，坚定理想信念，树立良好作风，保持和发展共产党人的先进性。一是提高汲取现代科技知识的能力。如果说党的基本理论知识是共产党人的植根土壤，那么现代的科学文化知识技能则是帮助共产党人迅速成长的营养液。在国际国内竞争日益激烈的新形势下，共产党人想要在竞争中取胜，就必须主动学习先进的科学技术和丰富的知识，提升广大共产党人科学知识水平，造就高素质人才队伍。尤其是在本职岗位上，共产党人应时刻保证与其职位的匹配程度，要具有与本职岗位相适应的知识和技能，努力成为自己领域的内行和能手。例如，农民党员应掌握一两门实用技术，如种植业、养殖业、加工业相关技能和致富本领；企业党员要率先钻研和掌握适应企业发展的新技术；机关党员不仅要出色完成本职工作，而且要具备适应不同岗位的本领。二是不断提升思想的先进性。当今是一个知识迅速更迭和科技高速发展的时代，面对新形势，共产党人应对在党内所学的原理知识进行不断积累沉淀，面对事物有潜心静心的能力，能从新的感知角度去思考，而不是没有主见地随声附和。习近平总书记在讲话中反复提到“创新”二字，证明了创新思维的重要性。共产党人要成为时代的先锋就应该不遗余力地摒弃安于现状、墨守成规的观念。要在事实规律的基础上时常提高探索活力，在思考过程中产生创造性，始终保持百折不挠的锐气，始终站在改革的最前沿，保证我党源源不断的生机活力。三是提高合规合情合理办事的能力。共产党人既要自觉带头遵守国家的各项法律规定，还要通过日常线上或线下走访等方式采集民意，收集整理群众的需求。通过将群众所反馈的效果和意见与办事规定进行合理融合，提高认识问题和解决问题的能力，在开展工作、处理问题、调解矛盾时，努力找出正确的方法和途径，既保证了共产党人维护党纪国法的党性原则，也展现出共产党人在办事过程中通权达变的智慧形象。

第三节　增强教育引导的亲和力和针对性

理想信念教育是理想信念生成的重要环节，也是共产党人坚定理想信念的重要依托。如何更好地发挥理想信念教育在共产党人坚定理想信念过程中的作用，是理想信念教育面临的关键问题。聚焦新形势下的时代背景，应更加贴近共产党人的现实生活，使共产党人能够在具体的实践过程中增强对理想信念教育的信任度与认可度，提升对理想信念本身的认同度。有鉴于此，理想信念教育引导过程，既需要充分贴合共产党人的发展现实，充分体现亲和力、吸引力，也需要提升理想信念教育之于现实的具体指向性与观照性，提升理想信念教育的针对性、实效性。在具体策略上，则要着重推进理论教育创新、发挥典型示范作用、创设文化熏陶范围，以人为本，注重环境建构，塑造情感环境，增强教育方法的合理性与党员的参与感。

一、推进理论创新与实践创新

马克思曾指出："理论在一个国家实现的程度，总是决定于理论满足这个国家的需要的程度。"[①] 中国特色社会主义理论体系之所以迅速发展，最重要的原因就是这些理论符合中国社会发展的实际需要。党的十八大以来，以习近平同志为核心的党中央，紧密结合当前时代发展的需要，坚持着实事求是的态度，以全新的姿态应对潜在的风险与挑战，并在这一过程中，对马克思主义理论进行不断的探索与创新，从而创立了习近平新时代中国特色社会主义思想。"习近平新时代中国特色社会主义思想正是新时代中国特色社会主义实践的经验总结和理论升华。"[②] 在推动共产党人的理论教育中，要以习近平新时代中国特色社会主义思想为指导，在实践中创新理论学习的形式、丰富

① 马克思，恩格斯．马克思恩格斯全集：第3卷．2版．北京：人民出版社，2002：209.

② 韩振峰．习近平新时代中国特色社会主义思想是马克思主义中国化的最新成果．前线，2017(12)：4-6.

理论学习的载体。具体来说，在推进理论教育创新过程中，理应以科学为准绳，从贴近共产党人的实际问题入手，使理论与党员形成良性互动，达到加强理论教育引导的亲和力和针对性的目的。

在理论创新层面，着重解决两个问题：一是理论的彻底性问题，也就是共产党人如何在批判的基础上实现科学的理论建构。诺思认为："制度是一系列被制定出来的规则、守法程序和行为的道德伦理规范。"[①] 制度具有根本性、稳定性、全局性、长期性的特点。因此，强化制度建设是理论彻底性的保障。"理论研究是批判与建构相统一的研究，不言而喻，批判性的研究作为原创性研究的内容之一，是基础性研究和对策性、前瞻性研究的结合，在新中国的理论研究中占有重要地位。"[②] 马克思主义理论无论是在建构时期，还是在形成过程中都具有十分鲜明的批判色彩，使其在面对复杂的社会环境时仍能够突显其智慧与优势。那么，在建构中国化马克思主义理论的过程中，要始终发扬批判的精神，避免盲从。发挥人的能动主体地位，在党的实践经历中得到批判、改造、继承的根据，使党的教育理论在批判的基础上获得建构的尺度。二是理论的时代性问题，也就是说中国共产党在对社会主义再认识的过程中所产生的理论思考要指向当代现实。有价值的理论是有生命的，它与社会现实息息相通。理论内容要从当代中国社会发展中汲取养分，用来充实、改造和提升自身。中国共产党的理论工作者要将理论教育创新与中国实际紧密结合，研究它、思考它，为共产党人自身发展提供现实启示。尤其是中国共产党在新形势下提出的重大理论观点，其中所蕴含的异常深刻的理论内容，仍需要广大的理论工作者深刻地剖析和解释其要领，以便于更多的党员同志领会和掌握，使广大党员同志吸收和进一步拓展与深化，使得全党上下关心中国各方面的理论课题，共同探讨，发展为"浅知—多知—深知"的推进关系。总之，在推进党员理论教育创新时应该在批判的基础上建构，在稳定的基础上发展。

在实践创新层面，着重解决三个问题。一是教育实践的多样性。首先，

① 诺思．经济史中的结构与变迁．陈郁，罗华平，译．上海：上海三联书店，1994：225-226．

② 于沛．批判与建构：新中国史学理论研究的回顾与思考．历史研究，2019（4）：30-41．

可以发挥现代信息技术在党员教育当中的作用，在大数据时代，传统授课的灌输模式已遭到一定程度的打击，应当充分发挥信息技术在党员教育中的功能，以网络为依托，充分利用微信、微博等平台将党的基本理论以喜闻乐见的方式进行传播，提高党员教育培训工作质量，达到潜移默化的教育作用。其次，线下的实践方式更应该是一种长期性、常态化的行动，例如参观英雄纪念馆等直观的精神学习方式，既避免了党员教育流于形式，又使党员身临其境，亲身感受到党的理论的伟大力量，真正地入脑入心。再比如“两学一做”，学党章党规、学系列讲话，做合格党员；“三严三实”专题教育，强化党员自身理论学习意识，严格要求自己，保证党员质量。这是对传统集中式教育的继承，也是新形势下党员教育的重要抓手。二是实践与主体和现实情境的适切度。个人与组织的结合是培养出优秀的应用型人才的重要方式，结合党员实际情况，进行集中学习或鼓励他们自学。面对预备党员，要提升其思想觉悟，在转正期间认清并改正自身缺点，严格规范自身行为，为成为一名正式的共产党员时刻准备着；面对新生党员，要加深他们对党的工作的规范性，时常举办专题讲座，使其掌握丰富的理论知识，提升其思想政治素质，在党支部中不断磨砺自己，提高基层党员的凝聚力和创造力；面对退休党员，要广泛开展精神服务，减少其从岗位回归生活的落差感，党支部可通过定期询问，积极为退休党员开展心理咨询和疏导活动，帮助解决实际问题、缓解精神压力，为退休老党员建立“家”的归属感。所以在党员教育时要切实考虑其对教育方式的认同程度，认可度高的途径更容易使受教育者接受并践行。三是实践的与时俱进，与时代发展的紧密关联程度。中共中央印发的《中国共产党党员教育管理工作条例》，要求各地区各部门认真遵照执行。认真落实好党中央的要求，必须适应新时代要求，提高党员教育的温度和力度。比如“坚持走出去与请进来相结合”的教育方式，摆脱“室内授课—讨论—小结”的单一模式，有计划地组织党员外出学习、调查研究，追寻红色记忆。坚持线上与线下相结合的教育，利用新媒体平台改进教育方式，开展微型教育模式。

二、发挥典型示范作用

古人有云："见贤思齐焉，见不贤而内自省也"，"以铜为镜，可以正衣冠；以古为镜，可以知兴替；以人为镜，可以明得失"，"择其善者而从之，其不善者而改之"。这些话都在传达相同的观点：人在看到品德高尚、才华卓然的人时，会自觉向其看齐学习；见到有失得体的行为，也会引发自省，观察自己身上是否有相同的缺点。自古以来中国人重视榜样力量，认为良好的示范力量是无穷的。习近平总书记在讲话中强调："今天我们以最高规格褒奖英雄模范，就是要弘扬他们身上展现的忠诚、执着、朴实的鲜明品格。"[①] 可见英雄模范对党的坚定信仰，不但是其奋斗终生的不竭动力，同时也为其他共产党人树立了学习的榜样。榜样是人生的目标，是催人奋进的力量，尤其是人民领袖、英雄模范和先进人物等典型，他们对理想和事业的不断奋斗更能显示其存在的价值，体现崇高精神境界，这对共产党人坚定理想信念起着重要作用。因而，必须在全党上下努力发挥典型示范的引导作用，宣扬共产党人一心为公、时时自省、光明磊落、严于律己的浩然正气，端正共产党人对马克思主义的认识，坚定马克思主义政治信仰，着力加强党内的理想信念教育，增强看齐意识。

"立"典型，选出群众认可的典型。首先，选立真实人物。榜样人物贵在真实，才具有可信度。在宣传典型的过程中要以事实为依据，叙述典型人物事迹时要客观准确。例如，《感动中国人物》《永远的丰碑》等节目和带有教育意义的电影电视剧，为寻找典型人物提供了良好的环境，其充分利用社会资源，将典型人物的价值发挥到最大。同时，也可以在基层党员中进行调查，通过第一手材料挖掘出好的典型，使典型人物更具有亲切感，展现出优秀党员与人民的鱼水情，有利于宣传党员为人民服务的宗旨。在选择典型人物时，要广泛听取群众意见，选出群众所公认的榜样人物。由此，共产党人树立起来的典型才能够经受住时间的检验，真正做到"墙内开花，墙里墙外飘香"。

---

① 习近平．在国家勋章和国家荣誉称号颁授仪式上的讲话．人民日报，2019-09-30 (2)．

其次，选立时代人物。新形势下，社会思想意识多元化明显，尤其是西方资本主义意识形态的侵蚀程度加深，利己主义、虚无主义、拜金主义等不良思想不断滋生，导致传统榜样教育不能满足当下社会的发展需求。如此背景下，选立具有时代特点的典型人物是关键所在。新时代赋予共产党人新的形象内涵，所以典型人物既要符合党员标准，又要拥有时代特点。我国社会处在重大的变化和调整时期，随着我国改革程度加深，社会主义现代化建设进程加快，我国涌现出了一批优秀的共产主义者，他们积极投身社会主义现代化建设中，引领时代发展。要注意时代所宣扬的精神，挖掘其实质，总结出最具有指导意义的典型人物，推而广之。更重要的是，党内成员所处环境不同，思想和行为方式悬殊，导致党内教育也要因人而异。所以要求典型人物的筛选要分层次，无论是基层党员，还是干部精英，或是青年学生，再到国家领袖，等等。扩大典型筛选范围，罗列悬殊层次，精准寻找相同领域内的带头者，使得广大党员远学有目标，近学有样板。

"亮"典型，找准典型的宣传方式。长期以来，我党始终把树立和培养先进典型作为思想政治工作的重要内容，那么做好宣传工作就是让典型人物在群众中脱颖而出的关键抓手。首先，利用新媒体进行及时宣传。新媒体时代的到来，也彻底改变了宣传方式，过去传统的报纸刊物的宣传方式已经不能满足大众的需求，网络时代的信息传播既便捷又迅速，网络化的新媒体信息的宣传使得大众遍知天下事。顺应新媒体时代变革的实际需要，围绕当今重点进行及时宣传，从而在网络平台上形成积极浓厚的舆论氛围，对典型的认知有良好的宣传作用。其次，确定宣传的受众方向。受众对象是先进典型宣传的聆听者，宣传的目的就是确定人群和方向，从而在这些受众对象之间达到宣传的积极作用，提高社会影响力，使集体或个人得到发展。共产党人内部的年龄阶层不同，所面临的问题、人生阅历和周围所处环境以及心境自然也有很大差异。那么在进行典型人物宣传时尽力按照各个年龄阶层进行区别宣传，通过消除年龄差距从而使受众群体深刻体会到"差距"，激起其拼搏向上、努力追赶的精神动力。最后，还必须处理好片面的实际与全面的实际的关系，切忌以偏概全，如果不顾客观实际，对典型的长处予以夸大、溢美、拔高，而对典型的不足加以掩饰，不切实际地把一个完美无缺的典型强加于人，就会使人对榜样的真实性产生疑虑，由此导致对先进典型的淡漠，甚至产生逆反心理。

“强”典型，倡导学习典型的风气。为了运用好典型示范法，首先是要把党员理想信念教育落到实处，筛选出群众认可的典型；再通过精准的推广宣传手段，在党员群体中形成广泛典型共识；紧接着就是强化典型人物在共产党人心中根深蒂固的地位，将先进形象刻画进共产党人的头脑中，并留下不可磨灭的印象。“立”典型和“亮”典型，是以“高尚的精神塑造人”的方式，“强”典型是把先进思想的影响转化为千千万万人自觉的行动和反思的有效形式。传统的榜样教育通常是流于对榜样事迹的机械表达或宣传，导致榜样教育在一定程度上成为形式主义。教育内容的偏差与教育方式的单一导致榜样教育没有感染力，受教育者自然不会主动效仿学习。然而，感染性是情感的本质之一，可以促使人们产生积极的行为和思想。因此，提高典型的感染力是倡导党内学习典型模范的重点。首先，要建立党员与典型人物的心理联系，树立情感化的教育理念。普利布拉姆曾说：“人的情感能对人的行为起监督和评价的作用。”要接近党员心理，将教育内容与活动结合产生情感共鸣，拉近与典型人物的心灵距离。其次，要想使典型示范形象牢记在党员心中，在其潜意识中形成准确思想从而影响其行为，需要加强对典型事例的认识和理解。阿尔伯特·班杜拉是美国当代著名心理学家，也是新行为主义的主要代表人物之一。他认为，观察学习（又称替代学习）由四部分组成：注意过程、保持过程、生成过程、产生动机。其中，保持过程最为主要。同时，他提出“复述”的有效记忆方法，通过连续性示范，将过程多次呈现在受教育者的面前，使记忆形成叠加，能够有效加深记忆。因其不是第一次的记忆，所以这会进一步影响受教育者的思想乃至行为举止。

三、创设文化熏染氛围

习近平总书记在党的十九大报告中指出：“文化是一个国家、一个民族的灵魂。文化兴国运兴，文化强民族强。”[①] “文化能为人民提供坚强的思想保证、强大的精神力量、丰润的道德滋养，必须不断加强文化建设。”[②] 可见“以文化人”的重要性：既从优秀的文化中汲取营养，充分利用文化环境，熏陶感染共产党人，又能使其能够自觉运用马克思主义的立场、观点和方法武装头脑、指导实践，从而善于从中华优秀传统文化、革命文化和社会主义先进文化中汲取修德、立身、治国的智慧。

运用中华优秀传统文化滋养精神、提升品质。着重对传统文化进行再解释、再创造，在传承并发扬传统文化的基础上坚定理想信念。中华优秀传统文化中饱含修身、养心、报国、齐天下的丰富智慧，千百年来不断滋养着一代又一代中国人的心灵。党的十九大报告提出：“推动中华优秀传统文化创造性转化、创新性发展，继承革命文化，发展社会主义先进文化，不忘本来、吸收外来、面向未来。”[③] 首先，从时代角度出发，保证传统文化的适用性。中华优秀传统文化包罗万象，天人合一的东方文化哲学思想、忧国忧民的家国精神、自强不息的奋斗精神、厚德载物的高尚境界等，在任何时代都具有强烈的现实意义。一方面，广泛发掘中华优秀传统文化资源，找寻中华优秀传统文化与现实生活的相通之处，尤其是要与我国的新时代发展的特点相结合，确保中华优秀传统文化的当代价值，让中华优秀传统文化在新时代的土壤里孕育生机与活力，展现其时代魅力。另一方面，让中华优秀传统文化融入党建工作当中，与党员理想信念教育对接，进一步丰厚党内文化的深厚底蕴和精神风骨。广泛开展不同形式的含有中华优秀传统文化元素的教育活动，例如设置针对性强的中华优秀传统文化主题学习活动、成立中华优秀传统文化学习工作室等，用更多的现实事例解读中华优秀传统文化。让全党上下更直观地理解中华优秀传统文化的精髓所在，使其得到更好的继承与弘扬，发挥其价值和作用。其次，在对传统文化正本清源的基础上革故鼎新、推陈出

① 习近平. 决胜全面建成小康社会 夺取新时代中国特色社会主义伟大胜利：在中国共产党第十九次全国代表大会上的报告. 北京：人民出版社，2017：40-41.

② 朱鸿亮，鲁宽民. 习近平新时代文化建设思想的鲜明特色. 光明日报，2017-11-20.

③ 同①23.

新。习近平总书记指出："只有坚持从历史走向未来，从延续民族文化血脉中开拓前进，我们才能做好今天的事业。"[①] 一个民族在实现伟大复兴的前夕必然要回顾历史文化，对传统文化进行去芜存菁，才能够实现更准确的传承。宏观上，将中华优秀传统文化与马克思主义文化、西方优秀文化有益成果和网络新兴文化进行辩证分析与有机联系；微观上，将中华优秀传统文化通过舆论引导创新传播形式，例如通过有效的互动交流平台建设使党内人士参与到传播中来。对于内容晦涩难懂的理论性较强的文化内容，可通过媒体进行细致解读，使全党上下能够科学地认识中华优秀传统文化，"以古人之规矩，开自己之生面"，进而转化为强大的实践动力。总之，共产党人能够从传统文化中汲取智慧力量，滋养精神、提升品质，更好地服务人民和国家发展。

运用革命文化激浊扬清、自我净化。着重挖掘革命文化中共产党人坚定理想信念的先进典型，在新的时代背景下提升革命文化的时代性和现实性，提升革命文化的感染性。习近平总书记在党的十九大报告中指出："中国特色社会主义文化，源自于中华民族五千多年文明历史所孕育的中华优秀传统文化，熔铸于党领导人民在革命、建设、改革中创造的革命文化和社会主义先进文化，植根于中国特色社会主义伟大实践。"[②] 我党在革命战争时期形成的"红船精神""井冈山精神""长征精神""延安精神""西柏坡精神"等这些宝贵精神财富，激励着一代又一代中华儿女自强不息、砥砺奋斗。习近平总书记强调："光荣传统不能丢，丢了就丢了魂；红色基因不能变，变了就变了质。"[③] 革命精神凝聚了共产党人的高雅品质，是当代共产党人修身立德的重要典范。在进行党员理想信念教育的过程中，要大力弘扬红色特质的革命文化以开党内政治文化之源，使共产党人认识到今天中国的发展是先辈抛头颅、洒热血而建立起来的，如此来之不易的成果使得当代共产党人所承担的使命和责任重大。首先，学习、保护和解读革命文化。传承革命文化的首要前提

---

① 习近平. 在纪念孔子诞辰2565周年国际学术研讨会暨国际儒学联合会第五届会员大会开幕会上的讲话. 北京：人民出版社，2014：14.

② 习近平. 决胜全面建成小康社会 夺取新时代中国特色社会主义伟大胜利：在中国共产党第十九次全国代表大会上的报告. 北京：人民出版社，2017：41.

③ 习近平. 习近平谈治国理政：第2卷. 北京：外文出版社，2017：183.

是，要在全党上下，尤其是要通过支部团体，整体加强对革命文化的学习和研究，使之在党的建设中实现精神的承接与延续，成为一种可持续的文化记忆。其次，客观公正地宣传历史。正视历史、直面历史，抵制历史虚无主义。加强党史学习教育，向全党上下展现出真实的历史故事。例如，发展红色文化创意产业，为其传承提供市场环境。特别是革命纪念馆建成与维护要符合国家标准，它所承载的革命精神具有强化主流意识形态的独特作用，有计划地组织接待党内人士参观游览，学习革命历史知识，增长阅历，接受革命教育。总之，在理念思路、内容形式、方法手段上提升党员理想信念教育的感染性，运用革命文化激浊扬清、自我净化，增强理想信念教育工作的时代感和实效性。

运用社会主义先进文化锻造意志、熔铸情怀。坚定党为人民的根本立场，重点运用多样化的文化传播载体，形成新的文化形式与文化样态，创造符合我们党和国家需要的文艺作品。习近平总书记强调："只有学懂了马克思列宁主义、毛泽东思想、邓小平理论、'三个代表'重要思想、科学发展观，特别是领会了贯穿其中的马克思主义立场、观点、方法，才能心明眼亮，才能深刻认识和准确把握共产党执政规律、社会主义建设规律、人类社会发展规律，才能始终坚定理想信念，才能在纷繁复杂的形势下坚持科学指导思想和正确前进方向，才能带领人民走对路，才能把中国特色社会主义不断推向前进。"[①] 面对复杂的社会新形势，我党直面矛盾，切实解决问题，在党的十九大上，正式提出"习近平新时代中国特色社会主义思想"这一重大理论成果。"习近平新时代中国特色社会主义思想以马克思主义为指导，遵循辩证唯物主义与历史唯物主义的基本原则，立足于新时代中国特色社会主义建设所处的国内国际新方位，在发展过程中充分体现了马克思主义开放性、实践性和人民性的理论品质，凸显了中国特色社会主义理论与实践的独特性逻辑，丰富和完善了科学社会主义理论。"[②] 首先，始终树立以人民为主体的政治文化立场。

---

① 习近平．习近平谈治国理政：第1卷．北京：外文出版社，2018：404-405.

② 胡万庆，阎治才．习近平新时代中国特色社会主义思想的基本内涵与理论特色．哈尔滨商业大学学报（社会科学版），2018（6）：3-10.

马克思、恩格斯曾断言：“历史活动是群众的活动，随着历史活动的深入，必将是群众队伍的扩大。”① 毛泽东强调：“人民，只有人民，才是创造世界历史的动力。”② 党的十八大以来，以习近平同志为主要代表的中国共产党人提出了以人民为中心的重要思想，强调“人民是历史的创造者，群众是真正的英雄。人民群众是我们力量的源泉”③。在党的十九大报告中，再次提出“人民是历史的创造者，是决定党和国家前途命运的根本力量”，要“依靠人民创造历史伟业”④ 等观点。对于中国共产党来说，坚持立党为公、执政为民，以人民利益为根本来发展先进生产力和先进文化，始终是最紧要的。在新形势下，我党要牢固树立马克思主义的群众观，自觉倾听人民群众心声，了解人民群众愿望，将人民群众作为实现中华民族伟大复兴中国梦的实践主体，将人民愿望规划在中国特色社会主义现代化建设中。保持党与人民的密切联系，尊重人民群众的首创精神，凝聚人心、汇集力量，激发其为中国梦的实现贡献出积极的创造和奉献精神。其次，运用传播载体讲好中国故事。新媒体技术的发展，特别是5G时代全面到来，对文化作品的产生和发展产生重大影响，文字数码化、阅读网络化、书籍图片化改变了人们观赏文化作品的习惯，给我党高质量做好优秀先进文化作品的传播和推广工作带来新机遇与新挑战。目前，我国先进文化的传播方式吸引和形成了众多网络新媒体的创作主体。例如网络作家、网络红人、自由撰稿人、网络文艺社团等新的文艺群体，他们拥有各个圈层的受众群体，是具有网络话语权的主体人物。我们应改变传统眼光，团结文艺群体、创作主体，通过他们的影响力传播先进文化，促使新闻媒体更贴近社会的热点和关注点，增加文化传播的广泛性和实效性，引导他们成为传播和繁荣我国社会主义先进文化的新生力量。总而言之，应站在新的历史方位，坚持以人民为中心的政治文化理念，利用新兴媒体手段守正创新地讲好中国故事，运用先进文化锻造意志、熔铸情怀，不断提高党的

---

① 马克思，恩格斯．马克思恩格斯文集：第1卷．北京：人民出版社，2009：287.

② 毛泽东．毛泽东选集：第3卷．2版．北京：人民出版社，1991：1031.

③ 习近平．习近平谈治国理政：第1卷．北京：外文出版社，2018：5.

④ 习近平．决胜全面建成小康社会 夺取新时代中国特色社会主义伟大胜利：在中国共产党第十九次全国代表大会上的报告．北京：人民出版社，2017：21.

政治免疫力，永葆党的政治本色。

第四节　推动共产党人理想信念教育常态化、制度化[①]

在共产党人坚定理想信念的过程中，“常态化、制度化”是不可或缺的一个重要环节。“常态化、制度化”意味着将共产党人理想信念的建设上升为一项重要的制度环节。推动共产党人理想信念建设常态化、制度化，是在遵循和把握共产党人坚定理想信念内在规律基础上的重要选择，也是新形势下推动理想信念建设的必由之路。

一、深刻理解理想信念教育常态化、制度化的重要意义

推动理想信念教育常态化、制度化，首先需要对常态化、制度化进行必要的内涵厘定。概言之，常态化、制度化是一对相互联系、相互作用的范畴，统一于理想信念建设实践过程中。其中，常态化意味着坚持不懈、持续有效地抓好理想信念教育，重在指向理想信念教育的长效性、时效性与全面性；制度化则意味着以制度的方式将理想信念建设的职责与权利、任务与内容、方式与渠道固定下来，重在指向理想信念教育的规范性、稳定性与科学性。没有制度化，常态化将无从谈起，理想信念建设就可能陷入随意而无序的境地；没有常态化，制度化则有可能沦为抽象孤立的政策条文抑或干巴巴的刚性规约，从而难以切实有效地将理想信念建设嵌入日常生活，贯穿共产党人成长发展全过程。立足中国特色社会主义进入新时代的历史方位，深入推进理想信念教育的常态化、制度化，具有重要的实践意义和理论价值。

理想信念教育常态化、制度化是促进理想信念教育科学发展的必然选择。理想信念教育是一个复杂的、持续性的教育实践过程，客观上需要建立一套系统化的制度设计、科学化的资源配置和常态化运行机制，否则在常规的治

---

① 本节部分内容和观点来自笔者发表的《高校理想信念教育常态化、制度化的核心意涵与实践理路》(《思想理论教育》2020 年第 12 期)，收录本书时进行了修改与调整。

理格局中就难以占据应有的地位，获得充足的教育资源，从而沦为一种可有可无、随意无序的“点缀”。我国理想信念教育的历史进程，始终贯穿着实现常态化、制度化的实践主线。新中国成立后，理想信念教育以理论教育为主要渠道，以生产劳动、政治活动为载体，着力培养学生的爱国主义和集体主义精神，引导共产党人树立为共产主义奋斗、为祖国服务的远大理想，为巩固人民政权和社会主义制度培养了一大批又红又专的接班人。改革开放之后，理想信念教育“在内容上，重点突出‘共产主义思想品德’教育和‘爱国主义’教育；在途径上，增加开设思想政治教育课程”[①]，有力推进了常态化、制度化建设进程。进入新世纪，特别是党的十八大以来，理想信念教育的常态化、制度化步入快车道，党和国家既制定出台了《关于进一步加强和改进大学生思想政治教育的意见》《关于加强和改进新形势下高校思想政治工作的意见》，又形成了具体政策细则，为理想信念教育提供了强有力的制度保障和政策支撑，使之呈现出良好发展的态势。2020年4月28日，教育部联合中共中央组织部、宣传部等七部门共同发布《关于加快构建高校思想政治工作体系的意见》，重申要以理想信念教育为核心建立完善全员、全程、全方位育人体制机制，全面提升高校思想政治工作质量，推动理想信念教育常态化、制度化进入新阶段。

理想信念教育常态化、制度化是遵循共产党人理想信念养成规律的内在要求。树立和坚定理想信念“不是一蹴而就的，而是循序渐进的”。正如马克思所言：“人们不应当再拿某种不以个人为转移的 tertium comparationis〔用作比较的根据即标准〕来衡量自己，而比较**应当**转变成他们的自我区分，即转变成他们个性的自由发展，而这种转变是通过他们把‘固定观念’从头脑中挤出去的办法来实现的。”[②] 同样，坚定理想信念也无法完全来源于共产党人自发自主的实践体验，应该充分借助长期、系统的教育将种种不符合社会主义建设者和接班人的“观念”“挤出去”。这就需要通过常态化、制度化建

① 苗瑞丹，代俊远. 改革开放以来中国共产党青年理想信念教育的发展逻辑与现实启示. 思想理论教育导刊，2020 (2)：60-64.

② 马克思，恩格斯. 马克思恩格斯全集：第3卷. 北京：人民出版社，1960：518.

设，为共产党人理想信念养成确立具体标准和发展方向，划定理想信念养成的“时间表”和“路线图”，从而使这样一种貌似自主化、随意性的养成过程，变得更富计划性、针对性。此外，新形势下的共产党人既趋向于进行个性化的人生选择，也葆有深厚的家国情怀。这种心理特质使他们对不同观点、不同价值取向持有极大的包容态度，以致在多元多变的文化背景下，极容易陷入“跟着感觉走”的理想困惑和价值迷茫。这就需要有一种主导性的价值观念、常态化的价值熏染、制度化的价值引领帮助其明辨是非，建构起共同的精神家园。推动理想信念教育的常态化、制度化就是要将共产党人共同精神家园建设以相对特定化、标准化的模式框定下来，使其能够在复杂的时代背景与文化语境中科学建构自己的理想信念和价值信仰。

二、理想信念教育常态化、制度化的基本特质

推动理想信念教育常态化、制度化的根本指向在于增强科学性和实效性。因此，倡导理想信念教育常态化、制度化，不是要舍弃那些灵活的、具体的、带有群体特质的方式方法，更不是要搞“一刀切”的千人一策，而是要把常态化、制度化作为理想信念教育的内在规定与基本原则，不断增强建设样态的日常性和规范性、教育过程的合理性和有序性，以及效果的可持续性和可推广性。

从教育样态来看，常态化、制度化的理想信念教育应该突出日常性和规范性。对理想信念的常态化、制度化建设来说，日常性突出强调抓常抓长，使理想信念教育成为一项常规性工作，体现到管理服务、社会实践的方方面面。规范性则是强调有章可循、有制可依，使理想信念教育拥有完备的制度体系和有力的政策保障。一方面，深入推进共产党人理想信念教育常态化、制度化，首先是要把理想信念教育切实转变为一种日常性的教育实践，既通过专题讲座、社会实践等方式，构建理想信念教育可感、可知、科学的感性基础，又通过工作文化、学习文化、网络文化等方式，营造理想信念教育的良好文化氛围，使理想信念教育因素无时不在、无处不用，进而达致日用不觉的效果。同时，增强理想信念教育的日常性，还需把理想信念教育作为共

产党人思想政治教育的重要内容，将理想信念的塑造全方位嵌入共产党人日常生活之中，真正影响人、触动人、引导人。另一方面，深入推进理想信念教育常态化、制度化，还要着力构建完善相应的制度规范体系。美国著名哲学家罗尔斯曾指出，制度是“一种公开的规范体系，这一体系确定职务和地位及它们的权利、义务、权力、豁免等”①。对理想信念教育来说，构建一套系统完备的制度规范体系，就是要着力构建和完善理想信念教育的专门化制度体系，为共产党人坚定理想信念提供有力的制度保障和丰厚的政策资源。同时，还应将理想信念教育纳入各行各业的具体章程之中，体现到各项规章制度之上，使不同层次、不同领域的制度规范都能够以理想信念教育为核心，相互支撑、互为耦合，充分发挥制度的育人合力。

从教育过程来看，常态化、制度化的理想信念教育应该富有合理性和有序性。如果说建设样态重在呈现建设实践的静态构成，那么建设过程则主要指涉建设实践动态化的展开逻辑和关键环节，突出强调逻辑上的合理性与环节上的有序性。对理想信念教育常态化、制度化来说，逻辑上的合理性集中体现为对规律的自觉遵循，也体现为基本观念的科学性、教育内容的适恰性和教育方法的可操作性的辩证统一。环节上的有序性则重在观照理想信念教育过程中各环节的有机衔接，以及各个环节上诸多要素之间的协同作用。将合理性与有序性作为理想信念过程建设的一项基本原则，就是要构建出一种环环相扣、螺旋式上升、波浪式前进的理想建设模型。这种理想信念教育的过程模型，应该突出问题导向，针对大学生理想信念养成的内在矛盾，循序渐进地展开建设过程，择选建设方略。从内在矛盾来看，理想信念的形成直接指涉信仰、价值层面的交锋性革新，是一种信仰、价值观取代另一种信仰、价值观的过程，常常伴随着不同理想信念之间的差异和冲突，集中体现为人原有的理想信念与党和国家所要求的理想信念之间的价值间距和信念冲突。这是理想信念形成所面临的独特矛盾。从这一矛盾出发，理想信念教育应着重把握好“态度反应”“观念养成”“行为转化”“人格塑造”四个关键环节。

---

① 罗尔斯. 正义论. 何怀宏，何包钢，廖申白，译. 北京：中国社会科学出版社，1988：54.

在“态度反应”环节，着重关注共产党人面对理想信念教育的态度反应及其类型划分，研究把握态度转变的心理机制。在“观念养成”环节，立足价值观养成在理想信念形成中的核心地位，研究把握自我卷入、冷暖认知对观念养成的作用机理。在“行为转化”环节，考量观念向行为转化的意向问题，研究把握行为意向、执行意向的形成和作用规律。在“人格塑造”环节，着重以理想信念教育引导共产党人形成稳定的思想和行为模式，特别是要重视发挥政治人格、道德人格对理想信念养成的规范作用。同时，还要将理想信念教育切实嵌入共产党人的心理场域之中，探索构建理想信念养成所需的心理环境创设，把握这一环境的核心特质、区域边界及作用发挥规律。

从教育效果来看，常态化、制度化的理想信念教育应该可持续和可推广。样态革新与过程优化归根到底都是为了达致可预期的良好建设效果。推动理想信念教育常态化、制度化，不是某一时间节点的应急选择，而是一项长期的、全面的建设方略。这就需要透过纷繁复杂的实践经验，探索形成可持续和可推广的建设模式。为此，一方面，要将重要时间节点与长时段引导更好结合起来，着力增强理想信念教育的可持续性。对重要时间节点来说，应着重构建应急性的建设机制，增强针对性的引导能力。例如，要紧紧抓住社会思潮渗透、影响共产党人价值观念的关键时间节点，进行有针对性的批驳和引导，切实澄清认识、引导方向。与此同时，还应着力抓好长时段引导，尤其是要重视通过系统的理论阐释夯实共产党人的价值基础。另一方面，要下大气力研究和提炼各地理想信念教育的成功经验，成熟一批、推广一批，不断扩大理想信念教育的辐射效应。为此要深化理想信念教育理论研究，特别是要重视引入心理学、教育学、社会学等多学科资源，深入研究和把握理想信念教育的特殊规律，为形成可推广性的建设模式提供科学的理论支撑。同时，还要搭建不同地方、不同理想信念教育的交流互动平台，努力构建理想信念教育共同体，探索富有时代性、规律性和创造性的理想信念教育新范式。

三、理想信念教育常态化、制度化的实践理路

推动共产党人理想信念教育常态化、制度化，还应在深入领会重要意义、

全面把握基本特质的基础上，着力探寻其得以展开的实践理路。为此，应不断深化对理想信念教育规律的认识和理解，科学把握理想信念教育常态化、制度化的内在张力。在此基础上，要紧紧抓住理想信念教育的关键因素，着力构建常态化、制度化的教育引导机制和实践养成机制，不断增强新时代理想信念教育的科学性和生命力。

深入理解共产党人理想信念教育规律，科学把握常态化、制度化的内在张力。合理的实践进路必须遵循实践的客观规律。可以想见，随着共产党人理想信念教育常态化、制度化的深入推进，人们将逐步明确“什么时候、以什么方式、开展何种教育”等方向性、框架性问题，理想信念教育也将日趋规范化和系统化，最终将可能成为一种“教育惯习”。如此一来，怎样在稳定性、惯常性基础上避免教条化、呆板化，保持适度的内在张力，就成为共产党人理想信念教育常态化、制度化面临的关键问题。一是科学把握整体运行与个性关怀之间的张力。共产党人理想信念教育的对象是一个个鲜活的共产党员。受开放环境、市场经济、多元文化和信息技术的影响，当代共产党人在个体方面的个性化、差异性特点愈发显著。由此，如何在整体化的制度设计与系统化的教育实践中，紧密贴合学生多样化的个体需求与发展愿景，做到因事而化、因材施教，增强理想信念教育的针对性和实效性，是推动共产党人理想信念教育常态化、制度化面临的重要问题。二是科学把握规范推进与开放创新之间的张力。所谓常态化、制度化说到底是在精准把握共产党人理想信念教育规律基础上，将教育手段与教育方式规范化、持续化的过程。但共产党人理想信念教育毕竟不是在真空中进行的，而是时刻受到社会环境、国家导向、党员素质、政策效应等多方面因素的影响，兼具开放性、动态性、发展性等特征。由此，在具体的理想信念教育实践中，人们必然会面临不同类型、不同层面、不同维度的教育课题。比如，不同党员的认知特点、不同成长背景下的共产党人思维习惯、不同教师的素质能力和教育偏好、不同类型的共产党人培养方案、不同教育内容与方法的适恰度、不同社会思潮和突发事件的影响等。这些问题很难通过一套统一划定的规范体系来解决，只能诉诸特定的教育情境和教育者，具体问题具体分析。为此就需要在规范推进与开放创新之间保持必要的张力，既通过规范化建设为共产党人理想信念教育明确标准、框定原则、把握方向，同时又要为开放创新留下足够的政策空间和实践条件，既避免因过于强调规范一致而产生的固化和僵化，又避免因过于突出自主创新而陷入各行其是的处境。三是科学把握底线要求与上线引领的张力。理想信念是“把一种未来的社会蓝图视为最高价值，高度地信服和敬仰，并以之统摄自己的精神生活，作为自己的精神寄托”①。对共产党人理想信念教育而言，关于“未来性的社会蓝图”的信服和敬仰，集中体现为对马克思主义的信仰，对中国特色社会主义和共产主义的信念，对中国共产党领导的信心。“坚持以马克思主义为指导本是社会主义教育的鲜亮底色，决定着社会主义教育的性质、方向和人的培养质量。”② 能不能确立和坚定这样一种信仰、信念和信心，直接决定着当代共产党人能否补足精神之钙，能否成长为具有“钢筋铁骨”和“铜墙铁壁”信仰的共产党人，能否矢志不渝为中国特色社会主义共同理想而奋斗。习近平总书记指出：“要加强理想信念教育，培育和践行社会主义核心价值观，深化中国特色社会主义和中国梦宣传教育，教育引导广大干部群众特别是青少年坚定中国特色社会主义道路自信、理论自信、制度自信、文化自信。”③ 在这个意义上，推动共产党人理想信念教育常态化、制度化，必须牢牢把握住树立科学信仰、坚定理想信念、增强“四个自信”的底线要求，同时着眼共产党人成长与发展的基本规律，由浅入深、由表及里，从自身做起、推己及人，循序渐进地对共产党人思想观念和价值理念进行引领，实现个人理想与共同理想、短期目标与长期愿景的高度统一。

紧紧抓住理想信念教育的关键因素，着力构建常态化、制度化的教育引导机制和实践养成机制。教育引导和实践养成是理想信念教育的两个至关重要、紧密相连的因素。前者在于奠定理想信念的认识基础，后者在于锤炼理想信念的实践品格，二者的有机统一体现了从实践到认识再到实践的基本规

---

① 吴潜涛. 正确理解理想信念的科学含义. 教学与研究，2011 (4)：5-9.

② 杨兆山，陈煌. 回顾与展望：我国马克思主义教育思想发展历程：纪念改革开放 40 年. 东北师大学报（哲学社会科学版），2019 (1)：123-129.

③ 习近平. 在深圳经济特区建立 40 周年庆祝大会上的讲话. 人民日报，2020-10-15 (2).

律。展开来说，一是构建常态化、制度化的教育引导机制，需要紧密围绕习近平总书记关于“把理想信念建立在对科学理论的理性认同上，建立在对历史规律的正确认识上，建立在对基本国情的准确把握上”[①] 的基本要求，着力构建常态化、制度化的理论教育机制、历史教育机制和国情教育机制。在理论教育上，应着力建好马克思主义科学理论的主渠道，用马克思主义引领哲学社会科学理论创新，构建“一体化设计、专业化运行、协同化育人”的体制机制，使广大共产党人“将马克思主义理论内化于心、外化于行，从而成为其一生成长发展的科学思想基础”[②]。在历史教育上，应着力抓好党史、新中国史、改革开放史、社会主义发展史教育，构建完善专题教育与通史教育、知识积累与观念塑造、情感熏陶与实践体验相辅相成、互为联动的教育机制，引导共产党人深刻认识我们从哪里来、要到哪里去的历史大势，坚定树立唯物史观，自觉抵制历史虚无主义。在国情教育上，要组织开展好丰富多彩的社会实践活动，构建社会共同参与的合力育人机制，让共产党人在参与生产实践、投身志愿服务的过程中，深切体认我国发展面临的新方位、新矛盾、新挑战。二是构建常态化、制度化的实践养成机制，需要将理想信念教育与共产党人立德修身更加紧密地结合起来，厚植理想信念养成的实践基础，把准理想信念养成的关键契机。在厚植实践基础上，应结合共产党人日常生活特点，研制科学化的日常生活规范，对共产党人的行为习惯、消费理念、交往方式、休闲方式等做出明确细致、富有操作性的规定；加强和创新共产党人日常生活组织管理形式，提升共产党人的集体参与能力、集体管理能力和集体协作能力；营造正向化的日常生活环境，构建线上与线下、物质与精神相互融通的实践养成机制，确保共产党人能够在工作与学习中时时处处切身感受和领悟到理想信念的正向熏染。在把准关键契机上，应找准理想信念养成与共产党人自身利益的契合点，紧紧抓住涉及共产党人切身利益的学习与工作事项，引导其树立正确的人生观、价值观。同时还要找准理想信

① 中共中央宣传部. 习近平总书记系列重要讲话读本. 北京：学习出版社，2014：161.

② 杨晓慧. 信仰·理论·教育：思想政治教育的三种力量. 东北师大学报（哲学社会科学版），2018（1）：15-20.

念养成与共产党人思想情感的共鸣点，建立健全共产党人思想动态监测体系，准确把握共产党人思想观念的代际变化和群体波动，抓住共产党人思想和情绪较为活跃、兴奋的时间节点和重大事件，定向发力、因势利导，着力培养共产党人的家国情怀、责任意识和担当精神。

参考文献

一、经典著作

马克思，恩格斯．马克思恩格斯全集：第1卷．2版．北京：人民出版社，1995.

马克思，恩格斯．马克思恩格斯全集：第3卷．2版．北京：人民出版社，2002.

马克思，恩格斯．马克思恩格斯全集：第21卷．2版．北京：人民出版社，2003.

马克思，恩格斯．马克思恩格斯全集：第23卷．北京：人民出版社，1972.

马克思，恩格斯．马克思恩格斯全集：第25卷．2版．北京：人民出版社，2001.

马克思，恩格斯．马克思恩格斯全集：第30卷．2版．北京：人民出版社，1995.

马克思，恩格斯．马克思恩格斯全集：第40卷．北京：人民出版社，1982.

马克思，恩格斯．马克思恩格斯全集：第42卷．2版．北京：人民出版社，2016.

马克思，恩格斯．马克思恩格斯全集：第46卷．2版．北京：人民出版社，2003.

马克思，恩格斯. 马克思恩格斯文集：第 1 卷. 北京：人民出版社，2009.

马克思，恩格斯. 马克思恩格斯文集：第 2 卷. 北京：人民出版社，2009.

马克思，恩格斯. 马克思恩格斯文集：第 3 卷. 北京：人民出版社，2009.

马克思，恩格斯. 马克思恩格斯文集：第 10 卷. 北京：人民出版社，2009.

马克思，恩格斯. 马克思恩格斯选集：第 1 卷. 3 版. 北京：人民出版社，2012.

马克思，恩格斯. 马克思恩格斯选集：第 2 卷. 3 版. 北京：人民出版社，2012.

马克思，恩格斯. 马克思恩格斯选集：第 3 卷. 3 版. 北京：人民出版社，2012.

马克思，恩格斯. 马克思恩格斯选集：第 4 卷. 3 版. 北京：人民出版社，2012.

列宁. 列宁全集：第 43 卷. 2 版增订版. 北京：人民出版社，2017.

列宁. 列宁全集：第 55 卷. 2 版增订版. 北京：人民出版社，2017.

列宁. 列宁选集：第 1 卷. 3 版修订版. 北京：人民出版社，2012.

列宁. 列宁选集：第 2 卷. 3 版修订版. 北京：人民出版社，2012.

列宁. 列宁选集：第 3 卷. 3 版修订版. 北京：人民出版社，2012.

列宁. 列宁选集：第 4 卷. 3 版修订版. 北京：人民出版社，2012.

列宁. 列宁专题文集：论无产阶级政党. 北京：人民出版社，2009.

毛泽东. 毛泽东文集：第 7 卷. 北京：人民出版社，1999.

毛泽东. 毛泽东选集：第 1 卷. 2 版. 北京：人民出版社，1991.

毛泽东. 毛泽东选集：第 2 卷. 2 版. 北京：人民出版社，1991.

毛泽东. 毛泽东选集：第 3 卷. 2 版. 北京：人民出版社，1991.

毛泽东. 毛泽东选集：第4卷. 2版. 北京：人民出版社，1991.

邓小平. 邓小平文选：第1卷. 2版. 北京：人民出版社，1994.

邓小平. 邓小平文选：第2卷. 2版. 北京：人民出版社，1994.

邓小平. 邓小平文选：第3卷. 北京：人民出版社，1993.

习近平. 决胜全面建成小康社会 夺取新时代中国特色社会主义伟大胜利：在中国共产党第十九次全国代表大会上的报告. 北京：人民出版社，2017.

习近平. 习近平谈治国理政：第1卷. 北京：外文出版社，2018.

习近平. 习近平谈治国理政：第2卷. 北京：外文出版社，2017.

习近平. 之江新语. 杭州：浙江人民出版社，2007.

习近平新时代中国特色社会主义思想三十讲. 北京：学习出版社，2018.

中共中央党史和文献研究院. 十九大以来重要文献选编：上. 北京：中央文献出版社，2019.

中共中央党史和文献研究院，中央"不忘初心、牢记使命"主题教育领导小组办公室. 习近平关于"不忘初心、牢记使命"论述摘编. 北京：中央文献出版社，2019.

中共中央文献研究室. 关于建国以来党的若干历史问题的决议注释本（修订）. 北京：人民出版社，1985.

中共中央文献研究室. 十八大以来重要文献选编：上. 北京：中央文献出版社，2014.

中共中央文献研究室. 十八大以来重要文献选编：中. 北京：中央文献出版社，2016.

中共中央文献研究室. 十八大以来重要文献选编：下. 北京：中央文献出版社，2018.

中共中央文献研究室. 习近平关于全面从严治党论述摘编. 北京：中央文献出版社，2016.

中共中央文献研究室. 习近平关于全面深化改革论述摘编. 北京：中央文献出版社，2014.

中共中央文献研究室. 习近平关于实现中华民族伟大复兴的中国梦论述摘

编. 北京：中央文献出版社，2013.

中共中央宣传部. 习近平新时代中国特色社会主义思想学习纲要. 北京：学习出版社，2019.

中共中央宣传部. 习近平总书记系列重要讲话读本. 北京：人民出版社，2014.

中国共产党第十九次全国代表大会文件汇编. 北京：人民出版社，2017.

中国共产党章程. 北京：人民出版社，2017.

二、汉译著作

福柯. 规训与惩罚：监狱的诞生. 刘北成，杨远婴，译. 北京：生活·读书·新知三联书店，1999.

黑格尔. 小逻辑. 贺麟，译. 北京：商务印书馆，1980.

卢梭. 论人类不平等的起源和基础. 李常山，译. 北京：商务印书馆，1982.

卢梭. 社会契约论. 何兆武，译. 北京：商务印书馆，1982.

罗尔斯. 正义论. 何怀宏，何包钢，廖申白，译. 北京：中国社会科学出版社，1988.

马尔库塞. 单向度的人：发达工业社会意识形态研究. 刘继，译. 上海：上海译文出版社，2008.

诺思. 经济史中的结构与变迁. 陈郁，罗华平，译. 上海：上海三联书店，1994.

塞尔. 心、脑与科学. 杨音莱，译. 上海：上海译文出版社，1991.

圣吉. 第五项修炼. 郭进隆，译. 上海：上海三联书店，1998.

斯诺. 西行漫记. 董乐山，译. 北京：解放军文艺出版社，2002.

雅斯贝斯. 生存哲学. 王玖兴，译. 上海：上海译文出版社，2005.

三、学术专著

艾四林，曲伟杰. 《共产党宣言》导读. 北京：中国民主法制出版社，

2018.

白凤国．挺起共产党人的精神脊梁：与党员干部谈理想信念．北京：红旗出版社，2019.

不忘初心：坚守中国共产党人的精神家园．北京：人民出版社，2018.

陈锡喜．平易近人：习近平的语言力量．上海：上海交通大学出版社，2014.

陈先达．理论自信：做坚定的马克思主义信仰者．长春：吉林人民出版社，2016.

陈先达．坚持马克思主义在意识形态领域指导地位研究．北京：经济科学出版社，2015.

陈先达．马克思主义十五讲．北京：人民出版社，2016.

陈先达．马克思主义信仰十讲．北京：人民出版社，2018.

陈向明．质的研究方法与社会科学研究．北京：教育科学出版社，2016.

董振华．中国梦与中国精神．北京：人民出版社，2015.

顾海良．马克思主义如何改变世界．北京：中国人民大学出版社，2013.

顾明远，孟繁华．国际教育新理念．海口：海南出版社，2002.

顾明远．教育大词典．上海：上海教育出版社，1990.

谷生然．马克思主义信仰论：和谐社会视域中的社会信仰研究．北京：人民出版社，2015.

黄明理．马克思主义魅力与信仰研究．北京：人民出版社，2016.

黄相怀，等．不忘初心：中国共产党为什么能永葆朝气．北京：中国人民大学出版社，2016.

金明卿，陈绍华，吕延涛．中国共产党精神的时代解读．北京：社会科学文献出版社，2016.

李辉．领航定向：牢记共产党人的理想信念宗旨．北京：人民日报出版社，2018.

李君如．中国道路与中国梦．北京：外文出版社，2014.

李少斐．社会主义理想信念教育方式、方法再探讨．北京：社会科学文献出版社，2016.

郝立新，臧峰宇. 历史唯物主义党员干部读本. 北京：人民出版社，2014.

林崇德，杨治良，黄希庭. 心理学大辞典. 上海：上海教育出版社，2003.

林泰. 问道：改革开放以来的社会思潮与青年思想政治教育研究. 北京：中国社会科学出版社，2013.

刘建军. 守望信仰. 北京：人民出版社，2013.

刘建军. 信仰追问. 北京：中国青年出版社，2015.

刘少奇. 论共产党员的修养. 武汉：湖北人民出版社，1980.

刘同舫. 马克思人类解放理论的逻辑演进. 北京：人民出版社，2011.

潘维. 信仰人民：中国共产党与中国政治传统. 北京：中国人民大学出版社，2017.

彭聃龄，张必隐. 认知心理学. 杭州：浙江教育出版社，2004.

邱守娟. 毛泽东的思想历程. 北京：人民出版社，2003.

任志锋. 当代中国社会主义意识形态主导性研究. 北京：中国书籍出版社，2015.

石国亮. 坚持理想信念高标准. 北京：东方出版社，2015.

孙正聿. 理想信念的理论支撑. 长春：吉林人民出版社，2014.

孙正聿. 属人的世界. 长春：吉林人民出版社，2007.

王向明. 为什么要信仰共产主义. 北京：中国人民大学出版社，2014.

王燕文. 精神之钙. 南京：江苏人民出版社，2014.

俞吾金. 意识形态论. 北京：人民出版社，2009.

张耀灿，郑永廷，吴潜涛，等. 现代思想政治教育学. 北京：人民出版社，2007.

张世良. 怎样炼成新时代好干部. 北京：人民出版社，2018.

郑永扣，潘中伟，寇东亮，等. 共产党员理想信念论. 北京：人民出版社，2014.

中国行为法学会廉政行为研究会. 从严治党与反腐之路. 北京：人民出版社，2018.

朱继东. 新时代党的意识形态思想研究. 北京：人民出版社，2018.

朱喜坤. 新时期理想信念教育研究. 哈尔滨：黑龙江人民出版社，2007.

朱小蔓. 情感教育论纲. 北京：人民出版社，2007.

四、期刊文献

陈立思. 为什么说坚定理想信念是共产党员最基本的要求. 党建，2001 (3).

冯刚，王栋梁. 实践育人创新发展的理论思考和实现路径研究. 学校党建与思想教育，2017 (15).

冯秀军，毛娜. 全面从严治党背景下的党员理想信念建设. 学校党建与思想教育，2016 (9).

宫丽. 当代共产党员精神家园建设论纲. 江汉论坛，2016 (5).

龚云. 用科学理论筑牢理想信念根基. 人民论坛，2019 (S1).

郭咔咔. "伟大斗争"的理论演进与时代意蕴. 思想教育研究，2020 (2).

韩丽颖. 论理想信念形成的三种形态. 社会科学战线，2019 (12).

韩丽颖. 论理想信念形成研究的心理学视角. 思想政治教育研究，2018 (6).

黄明哲. 强化共同理想信念 夯实党内和谐的思想基础. 理论建设，2008 (3).

黄琦. 谨守初心，修好新时代中国共产党人"心学". 理论学刊，2019 (5).

黄蓉生. 大学生思想政治教育：理想信念是核心. 高校理论战线，2014 (12).

金民卿. "两个时代"叠加交织的特殊历史情境与新的伟大斗争. 红旗文稿，2019 (5).

孔宪峰. 习近平同志论共产党人的理想信念观. 毛泽东思想研究，2015 (2).

李辉. 大学生理想信念教育的现代性审视. 思想教育研究，2008 (5).

李冉. 高举理想信念的旗帜 坚守共产党人的精神追求：学习习近平总书记系列重要讲话的体会. 毛泽东邓小平理论研究，2014 (10).

李小刚. 坚定理想信念是严肃党内政治生活的永恒课题. 学理论，2017 (12).

李智慧，尹倩. 理想信念教育：党员先进性教育的重要课题. 理论界，2005 (11).

林仕尧. 高校学生党员理想信念教育的常态化审视. 思想理论教育，2016 (5).

刘建军. 关于理想信念教育的几点理论思考. 教学与研究，2004 (11).

刘建军. 论中国共产党人的信仰家园. 河海大学学报（哲学社会科学版），2014 (1).

刘建军. 试论理论研究中的"广义—狭义"分析法. 中共杭州市委党校学报，2014 (5).

刘建军. 习近平理想信念论述的历史梳理与理论阐释. 河海大学学报（哲学社会科学版），2015 (3).

卢丹蕾，王树荫. 改革开放以来理想信念研究述评. 思想教育研究，2016 (11).

鲁洁. 教育：人之自我建构的实践活动. 教育研究，1998 (9).

骆郁廷，史姗姗. 中国梦教育：大学生思想政治教育新课题. 思想理论教育，2013 (17).

苗瑞丹，代俊远. 改革开放以来中国共产党青年理想信念教育的发展逻辑与现实启示. 思想理论教育导刊，2020 (2).

母涛. 坚守共产党人的政治灵魂. 红旗文稿，2016 (23).

庞立生，王艳华. 精神生活的物化与精神家园的当代建构. 现代哲学，2009 (3).

佘双好. 创先争优活动与新形势下党员理想信念教育. 学校党建与思想教育，2011 (35).

石亚玲. 论习近平的青年理想信念观. 思想政治教育研究，2016 (5).

孙来斌. 中国人民是具有伟大梦想精神的人民. 求是，2018 (9).

孙英，齐杰. 论中国特色社会主义建设进程中党员干部理想信念的确立. 东北大学学报（社会科学版)，2008 (4).

唐宁，肖寒. 习近平治国理政系列重要讲话精神的思想渊源. 学术论坛，2015 (10).

陶倩，石玉莹. 时代新人的新使命、新标准、新塑造. 中国高等教育，2019 (Z1).

田心铭. 开展党内政治生活的首要任务是坚定理想信念. 红旗文稿，2016 (23).

王同昌. 习近平关于坚定党员干部理想信念思想探析. 学习论坛，2016 (8).

王仕民，郑永廷. 当代大学生理想信念形成特点及原因分析. 教学与研究，2008 (5).

王延超. 党员干部理想信念教育的性质特征和绩效评价. 理论学刊，2011 (11).

王易，宋友文. 新形势下大学生理想信念教育的问题与对策. 思想理论教育导刊，2011 (4).

魏荣，吴波. 习近平关于坚定共产主义理想信念的重要论述研究. 中国特色社会主义理论，2016 (5).

吴木. 理想 信念 党性. 党校教学，1985 (4).

吴潜涛，吴俊. 坚持“三个面向”与“立德树人”的统一. 思想理论教育导刊，2014 (4).

吴潜涛. 正确理解理想信念的科学含义. 教学与研究，2011 (4).

吴向东. 论价值观的形成与选择. 哲学研究，2008 (5).

颜吾佴. 坚持开展共产主义理想信念教育. 思想理论教育导刊，2016 (4).

杨军．增强党员理想信念教育的有效性．党政论坛，2011（10）．

杨晓慧．习近平青年价值观教育思想论要．马克思主义研究，2017（11）．

杨晓慧．信仰·理论·教育：思想政治教育的三种力量．东北师大学报（哲学社会科学版），2018（1）．

张洪修．共产党员坚定理想信念面临的现实矛盾与对策研究．理论学刊，2012（5）．

周建伟，陈金龙．党员干部四重属性与理想信念建设．理论学刊，2015（6）．

周秀红．习近平关于共产党人理想信念的重要论述．中国特色社会主义研究，2015（4）．

图书在版编目（CIP）数据

新形势下共产党人坚定理想信念规律研究 / 韩丽颖著. -- 北京：中国人民大学出版社，2025.4. --（思想政治教育实践研究新探索丛书 / 杨晓慧，刘志主编）.
ISBN 978-7-300-33919-1

Ⅰ. D261.42

中国国家版本馆 CIP 数据核字第 2025JK3265 号

思想政治教育实践研究新探索丛书
主编 杨晓慧 刘志
新形势下共产党人坚定理想信念规律研究
韩丽颖 著
Xinxingshi xia Gongchandangren Jianding Lixiang Xinnian Guilü Yanjiu

出版发行	中国人民大学出版社		
社　　址	北京中关村大街 31 号	**邮政编码**	100080
电　　话	010－62511242（总编室）		010－62511770（质管部）
	010－82501766（邮购部）		010－62514148（门市部）
	010－62511173（发行公司）		010－62515275（盗版举报）
网　　址	http://www.crup.com.cn		
经　　销	新华书店		
印　　刷	唐山玺诚印务有限公司		
开　　本	720 mm×1000 mm　1/16	**版　　次**	2025 年 4 月第 1 版
印　　张	12.25 插页 1	**印　　次**	2025 年 4 月第 1 次印刷
字　　数	166 000	**定　　价**	54.00 元